Der neue Eisenbahnführer Deutschland

Josef und Stefan Högemann

Deutschlands Westen

GeraMond

NORDRHEIN-WESTFALEN

Die Ziffern vor der jeweiligen Strecke bezeichnen die Kursbuchstrecken-Nummern.

RHEINLAND-PFALZ · SAARLAND

Die Ziffern vor der jeweiligen Strecke bezeichnen die Kursbuchstrecken-Nummern.

HESSEN

Die Ziffern vor der jeweiligen Strecke bezeichnen die Kursbuchstrecken-Nummern.

Die Ziffern vor der jeweiligen Strecke bezeichnen die Kursbuchstrecken-Nummern.

NORDRHEIN-WESTFALEN

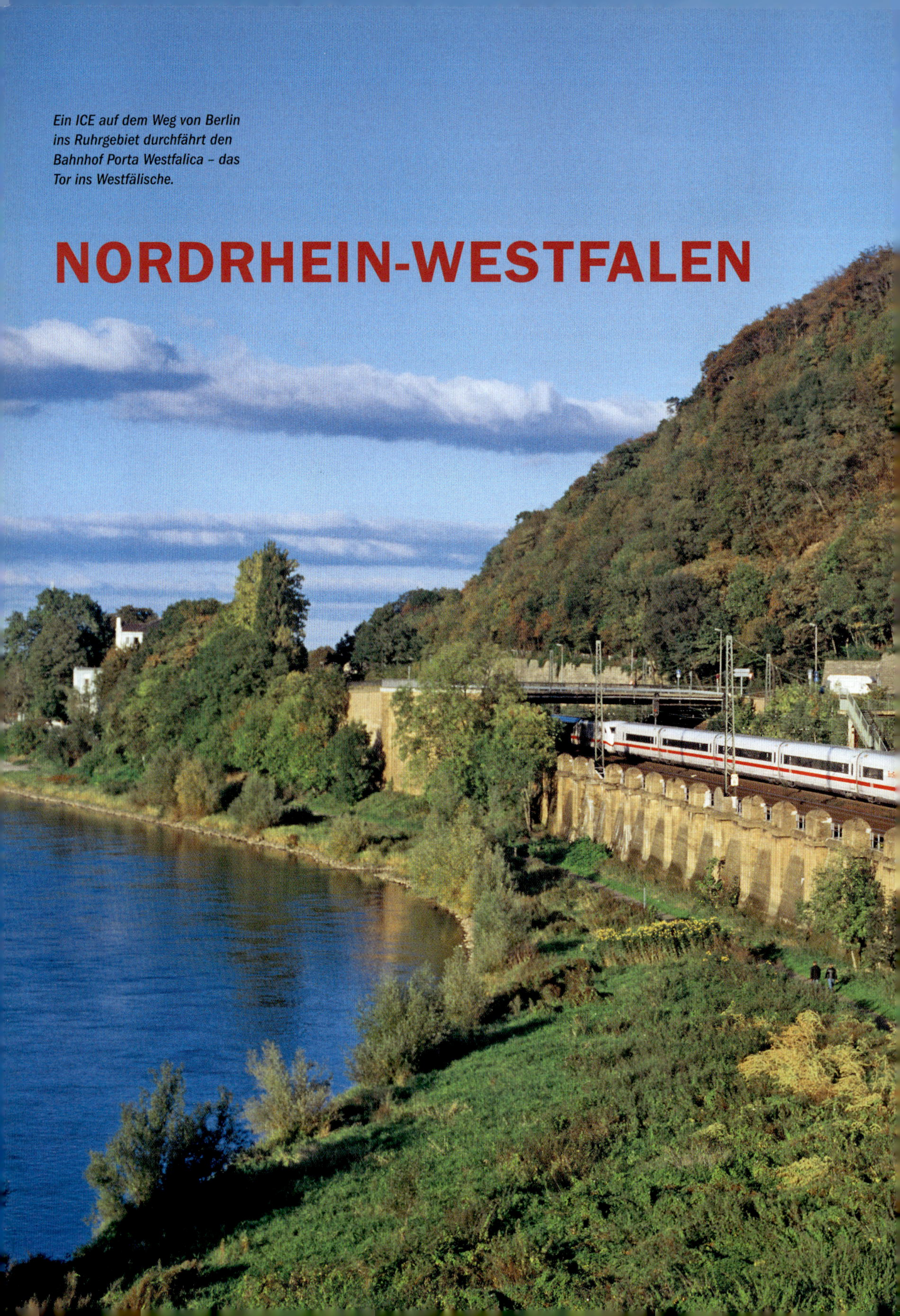

Ein ICE auf dem Weg von Berlin ins Ruhrgebiet durchfährt den Bahnhof Porta Westfalica – das Tor ins Westfälische.

BAD BENTHEIM–RHEINE–LÖHNE–MINDEN

AUF EINEN BLICK

Kursbuchstrecke 375

Anbieter DB Regio, Westfalenbahn

Fahrzeuge Flirt (Stadler), 101, 111, 112, 146, 145, 152, 155, 185, 294, 295, Loks privater EVU

Highlights Dampfspeicherlok in Lüstringen, Bahnhof Velpe mit Formsignalen

Die wichtige Ost-Westverbindung wechselt in ihrem Verlauf mehrfach zwischen nordrhein-westfälischem und niedersächsischem Gebiet. Von der früheren preußischen Festungsstadt Minden aus wird zuerst die dicht belegte Bahnstrecke nach Hamm mitbenutzt. Erst ab Löhne beginnt die eigene Trasse, die geschichtlich auf die „Hannoversche Westbahn" zurückgeht. Früher war Löhne einer der wichtigsten Güterbahnhöfe der Region, heute liegt ein großer Teil des Bahngeländes samt des örtlichen Bahnbetriebswerks brach. Von Löhne verläuft die Bahn durch die Senke zwischen Teutoburger Wald und Wiehengebirge, bis Osnabrück erreicht ist. Im dortigen unteren Teil des Turmbahnhofs wird die Strecke von Bremen nach Münster gekreuzt. Mehrere Verbindungsbögen sorgen dafür, dass man zwischen den Hauptbahnen in beliebige Richtung wechseln kann. Noch immer hat auch der Güterbahnhof Bedeutung für die umliegende Region. Auf Osnabrücker Gebiet findet man noch zahlreiche Anschlussnehmer im Güterverkehr. Hervorzuheben sind die Papierfabrik Schoeller im Stadtteil Lüstringen, die nach wie vor eine Dampfspeicherlok einsetzt, ferner die Hafenbahn. Letztere verfügt über zwei ehemalige ex DB-V 60, eine ex DR-V 100 und zwei ex DB-V 90.

Hinter Osnabrück wird es hügeliger, der fotogene Betriebsbahnhof Velpe ist noch mit mechanischer Sicherungstechnik ausgestattet. In Ibbenbüren-Esch schließt die elektrifizierte Anschlussbahn des Steinkohlenbergwerk Ibbenbüren an, auf der zwei Mittelführerstands-Elektroloks aus dem Jahre 1963 verkehren. Um in den benachbarten Hafen Ibbenbüren-Uffeln zu gelangen, muss ein kurzer Teil der Hauptstrecke mitbenutzt werden. Der Bahnhof Rheine hat in den letzten Jahren viele Gleise verloren, einschließlich des Güterbahnhofs. Ab hier nutzen die Züge in Richtung Bentheim zunächst die Emslandstrecke, bevor ab Salzbergen wieder auf eigener Strecke gefahren wird, die in einsamer Agrarlandschaft wenig später den Grenzbahnhof Bad Bentheim erreicht. Oft sind hier Lokomotiven privater EVU anzutreffen, die Züge an die Niederländische Staatsbahn übergeben bzw. von ihr übernehmen. Auch schließt hier die private Bentheimer Eisenbahn (BE) an, auf der reger Güterverkehr abgewickelt wird.

Ein Schotterzug in die Niederlande fährt im Oktober 2011 durch den noch mit Formsignalen versehenen Bahnhof Velpe.

Regionalexpress nach Bielefeld am Einfahrtvorsignal von Holzhausen-Heddinghausen

HERFORD–BÜNDE–RHADEN

Die landschaftlich abwechslungsreiche Strecke führt in den nördlichsten Zipfel Nordrhein-Westfalens. Sie beginnt in Herford und führt bis Hiddenhausen-Schweicheln parallel zur Bahnstrecke Hamm-Hannover. Diese wird danach unterquert und in einem langen Verbindungsbogen wird der Bahnhof Kirchlengern der Strecke von Osnabrück nach Löhne erreicht. Erst hinter dem teilweise rückgebauten Bahnhof von Bünde geht es wieder auf eine eigene Trasse. Nun wird bogenreich mit größeren Steigungen das landschaftlich reizvolle Wiehengebirge durchquert. In Holzhausen-Heddinghausen, wo auch die Verkehrsbetriebe Landkreis Osnabrück (VLO) mit ihrer Strecke anschließen, finden fahrplanmäßig Zugkreuzungen statt. In diesem Abschnitt lassen sich mehrere Formsignale gut in Szene setzen. Bald ist Lübbecke erreicht, wo der Übergang ins norddeutsche Tiefland erfolgt. Vor der Überquerung des Mittellandkanals zweigt der Anschluss der Firma Besta an, dem werktäglich zwei Ganzzüge mit Drahtrollen zugestellt werden. Das Unternehmen ist der letzte verbliebene Kunde im Güterverkehr. Bis zum Endbahnhof Rahden bestimmen weitgehend Felder und Wiesen das Bild. Hier beginnt die Museumsbahn nach Uchte ab. Der hier ansässige Verein nutzt zwei Stände des erhalten gebliebenen Ringlokschuppens, während die restlichen von einer benachbarten Gießerei in Anspruch genommen sind. Früher war die vom Herford kommende Strecke durchgängig bis Bassum, wo Anschluss an die „Rollbahn" Hamburg – Ruhrgebiet bestand. Gegenwärtig gibt es ernsthafte Bemühungen um die Reaktivierung dieser einst bedeutenden Linie.

AUF EINEN BLICK

Kursbuchstrecke 386

Anbieter eurobahn

Fahrzeuge Talent (Talbot), 294

Highlights Durchquerung des Wiehengebirges bei Neue Mühle, Formsignale im Streckenverlauf

Schildescher Viadukt bei Bielefeld über dem Johannisbachtal mit einem Zug der „eurobahn"

HAMM–BIELEFELD–MINDEN (WESTF)
KÖLN-MINDENER EISENBAHN

Der Streckenabschnitt Hamm–Bielefeld–Minden ist Teil der wichtigen Ost-West-Magistrale Köln–Hannover–Berlin und einer der wenigen in Deutschland, der viergleisig ausgebaut wurde. Reise- und Güterverkehr werden auf eigenen Trassen abgewickelt, die bei den Eisenbahnern als Personen- und Güterbahn ein Begriff sind. Beide Trassen wechseln sowohl bei Ahlen als auch bei Isselhorst die Seiten mit Hilfe entsprechender Überwerfungsbauwerke.

Der Ausgangsbahnhof Hamm ist einer der wichtigsten Knotenpunkte Westdeutschlands sowohl für den Personen- wie auch für den Güterverkehr. Hier befand sich einst einer der größten Rangierbahnhöfe Europas. Ab Hamm führt die Strecke in nördöstlicher Richtung durch Münsterland und Ostwestfalen über Ahlen, Neubeckum und Gütersloh in Richtung des Teutoburger Waldes, der in einer natürlichen Senke bei Bielefeld durchquert wird. Unmittelbar hinter Bielefeld führt die Bahn auf einer langen Talbrücke über das Johannisbachtal und erreicht über Herford den Eisenbahnknoten Löhne. Der nun folgende Streckenabschnitt ist der landschaftlich schönste. Kurz hinter Bad Oeynhausen überquert die Strecke die Weser und führt gemeinsam mit Europas kürzestem Strom durch die Porta Westfalica, die Pforte ins Westfälische. Der Durchbruch durch das Wiehengebirge mit dem Kaiser Wilhelm-

AUF EINEN BLICK

Kursbuchstrecke 370/400

Anbieter DB, eurobahn, NordWestBahn, Westfalenbaghn

Fahrzeuge 101, 120, 140, 145, 146, 152, 185, 189, 294, 402, 425, Flirt (Stadtler), Talent (Bombardier), LINT 41 (Alstom), Lok div. EVU

Streckenlänge 112 km

Highlights Bielefelder Viadukt, Verlauf bei Porta Westfalica

Denkmal hoch oben auf dem Wittekindsberg ist ein beliebtes Ausflugsziel. Bald ist die alte Festungsstadt Minden erreicht, wo die „Cöln-Mindener Eisenbahn" an das Netz der früheren Hannoversche Staatsbahn anschließt.

Der Zugverkehr auf der Strecke ist recht dicht und vielfältig. Neben zahlreichen ICE und IC rollen in dichter Folge Züge des Nahverkehrs durch das östliche Westfalen, dazu ein reger Güterverkehr. Für interessante Versuchsfahrten sorgt mitunter der Standort der DB-Systemtechnik Minden. Hier bekommt man fabrikneue Fahrzeuge aus dem In- und Ausland zu sehen, die vornehmlich zwischen Bielefeld und Neubeckum getestet werden.

(BIELEFELD–) BRACKWEDE–OSNABRÜCK
HALLER WILLEM

Die vorübergehend in ihrem Nordteil stillgelegte Nebenbahn ist seit 2005 wieder durchgehend befahrbar und verbindet die Städte Bielefeld und Osnabrück. Zwischen dem Hauptbahnhof in Bielefeld und dem Bahnhof Brackwede nutzen die Züge des „Haller Willem" die Gleise der viergleisigen Magistrale Hannover–Hamm, bevor es auf eigener Trasse entlang des Teutoburger Waldes in nordwestlicher Richtung weitergeht. Mit dichter Haltestellenfolge führt die Bahn zunächst durch bebaute Gebiete mit größeren Industrieansiedlungen, die jedoch bis auf eine Ausnahme über keine Gleisanschlüsse verfügen. Erst nördlich der Stadt Halle (Westf) erfolgt der allmähliche Übergang in eine ländlichere Region. Landschaftlich attraktiv wird der „Haller Willem" nördlich des Bahnhofs Dissen-Bad Rothenfelde, wo das Gleis immer näher an den Teutoburger Wald heranrückt und allmählich an Höhe gewinnt. Hinter Hilter beginnt der wohl schönste Abschnitt mit der Überquerung des Teutoburger Waldes. Schließlich erreicht die Strecke die Ortschaft Oesede und passiert die traditionsreiche Georgsmarienhütte, bevor die Strecke kurz vor dem Osnabrücker Betriebsbahnhof Hörne auf die Hauptbahn Hamburg–Ruhrgebiet trifft.

Den Reisezugverkehr führt die NordWestBahn mit Triebwagen vom Typ „Talent" durch. Gefahren wird im Stundentakt mit zeitweise halbstündiger Verdichtung zwischen Bielefeld und Halle (Westf). Güterverkehr findet derzeit lediglich zwischen Brackwede und Quelle statt. Die bis vor kurzem noch aktive mechanische Sicherungstechnik wurde inzwischen durch ein modernes rechnergestütztes System abgelöst.

AUF EINEN BLICK

Kursbuchstrecke 402
Anbieter NordWestBahn
Fahrzeuge Talent (Bombardier), 294
Streckenlänge 49 km
Highlights Brückenmotiv bei Hankenberge

Eines der wohl schönsten Fotomotive des „Haller Willem" bei Hankenberge

(BIELEFELD–)BRACKWEDE–PADERBORN
SENNE-BAHN

AUF EINEN BLICK

Kursbuchstrecke 403

Anbieter NordWestBahn

Fahrzeuge Talent (Bombardier), 232, 294

Streckenlänge 40 km

Highlights Panzerverladung in Sennelager, Güterwagenausbesserungswerk in Paderborn-Nord

Dem Truppenübungsplatz Sennelager ist es zu verdanken, dass die Nebenstrecke überleben konnte. Ende der 1980er-Jahren hatte die Deutsche Bundesbahn wiederholt versucht, den Personenverkehr einzustellen, konnte sich damit aber nicht durchsetzen. Heute ist die Strecke im Bestand gesichert und erfreut sich im Reisezugverkehr wachsender Nachfrage. Der Güterverkehr hingegen konnte mit dieser positiven Entwicklung nicht mithalten und konzentriert sich auf die Abschnitte Brackwede–Brackwede Süd und Paderborn–Sennelager. Hinzu kommen Sonderleistungen, u. a. im Militärverkehr.

Die teilweise noch mit Formsignalen versehene Nebenbahn beginnt im Bahnhof Brackwede. Bis hierher nutzen die Züge von und nach Bielefeld Hbf die viergleisige Hauptbahn nach Hamm. Durch relativ dicht bebautes Gebiet führt die eingleisige Strecke über Windelsbleiche und Sennestadt bis Schloss Holte. Ab hier bestimmt eine ländliche Region aus Wiesen, Feldern und kleineren Waldgebieten das Umfeld. Im Bahnhof Hövelhof trifft die derzeit nicht planmäßig befahrene Strecke der Teutoburger-Wald-Eisenbahn auf die Sennebahn, bevor in Sennelager erneut dicht bebautes Gebiet erreicht wird, das die Strecke bis Paderborn begleitet.

Regionalbahn der NordWestBahn nach Paderborn im Herbst 2012 am ehemaligen Haltepunkt Klausheide

ALTENBEKEN–OTTBERGEN–HOLZMINDEN (–KREIENSEN)
EGGEBAHN

AUF EINEN BLICK

Kursbuchstrecke 403

Anbieter NordWestBahn

Fahrzeuge 294, Class 66, Talent (Bomardier)

Streckenlänge 49 km

Highlights Rehbergtunnel, Landschaft um Ottbergen

Die Strecke ist Teil einer früheren Güterzugmagistrale zwischen dem Rhein-Ruhr-Raum und Mitteldeutschland, die infolge der Deutschen Teilung nach 1945 ihre Bedeutung verloren hat und heute nur noch zwischen Altenbeken und Ottbergen zweigleisig betrieben wird. Den Regionalverkehr versieht die NordWestBahn im Stundentakt, der auch an Wochenenden gefahren wird. Regelmäßigen Güterverkehr gibt es heute nur noch in sehr beschränktem Umfang zwischen Altenbeken und der Anschlussstelle Herste östlich von Bad Driburg. Ferner verkehren sporadisch Kesselwagenganzzüge für einen Mineralölgroßhändler in Brakel, bespannt mit Class 66-Lokomotiven der HGK. Die zweigleisige Hauptbahn führt unmittelbar nach Verlassen des Bahnhofs Altenbeken in den 1.631 m langen Rehbergtunnel und erreicht den Trennungsbahnhof Langeland. Während die Hauptbahn nach Hannover in nordöstliche Richtung weiterführt, schwenkt die Eggebahn nach Südosten, durchfährt den 245 m langen Reelsener Tunnel und erreicht das schöne Nethetal mit zahlreichen schönen Fotomotiven. Allmählich an Höhe verlierend, führt sie über Bad Driburg, Brakel und Ottbergen ins Wesertal. Nahe des Klosters Corvey kurz vor Höxter wird die Weser überschritten und bald darauf Holzminden erreicht.

Sonderzug mit historischem Esslinger-Triebwagen im März 2007 bei Hembsen

BIELEFELD–LAGE (LIPPE)–LEMGO-LÜTTFELD

Die Nebenbahn ist der verbliebene Rest der Strecke Bielefeld–Hameln, die zwischen Barntrup und Hameln vollständig abgebaut ist. Sie verlässt den Bielefelder Hauptbahnhof an seiner Ostseite und führt zunächst durch Bielefelder Stadtgebiet in südöstliche Richtung. Der früher für den Güterverkehr wichtige Bahnhof Bielefeld Ost besteht zwar noch, doch das große Containerterminal nebenan ist seit Jahren stillgelegt. Auch im nachfolgenden Bahnhof Hillegossen hat man sich vom Güterverkehr verabschiedet. Hinter dem Kreuzungsbahnhof Oerlinghausen treten Wohn- und Industriegebiete in den Hintergrund, doch die Besiedlung des Lipperlandes bleibt verhältnismäßig dicht. Leider gibt es nicht sehr viele interessante Fotomotive, zumal auch die Stecke abschnittsweise stark zugewachsen ist. In Lage (Lippe) kreuzt die Nebenbahn die eingleisige Hauptstrecke Herford–Altenbeken und endet wenige Kilometer weiter in Lemgo. Zwar führt das Gleis weiter bis Barntrup, doch wird dieser Abschnitt nicht mehr regelmäßig befahren.

Den Reisezugverkehr auf der Gesamtstrecke versieht die „eurobahn“, während die NordWestBahn ab Bielefeld Hbf über Lage (Lippe) nach Altenbeken verkehrt. Beide Anbieter setzen Bombardier-Triebwagen vom Typ „Talent“ ein. Güterverkehr findet derzeit nicht statt.

AUF EINEN BLICK

Kursbuchstrecke 404
Anbieter eurobahn, NordWestBahn
Fahrzeuge Talent (Bomardier)
Streckenlänge 32 km

Die Regionalbahn nach Bielefeld fährt in Oerlinghausen aufs Nebengleis, um den Gegenzug nach Detmold passieren zu lassen.

AUF EINEN BLICK

Kursbuchstrecke 405

Anbieter WestfalenBahn, NordWestBahn

Fahrzeuge Flirt (Stadler), Talent (Bombardier), 294

Streckenlänge 47 km

Highlights Streckenverlauf nördlich von Himmighausen

HERFORD–DETMOLD–HIMMIGHAUSEN (–ALTENBEKEN)

Die eingleisige elektrifizierte Hauptbahn erschließt das Lipperland von Nord nach Süd und hat entgegen früheren Jahren heute nur noch für den regionalen Reisezugverkehr Bedeutung. Güterverkehr findet lediglich noch zwischen Detmold und Himmighausen bzw. Altenbeken statt. Nachdem ein Teil der Kreuzungsbahnhöfe stillgelegt wurde, sieht man hier nur noch hin wieder einen überregional verkehrenden Güterzug. Die landschaftlich schöne, teilweise noch mit Formsignalen ausgestattete Strecke beginnt im Bahnhof Herford an der viergleisigen Köln-Mindener Eisenbahn und führt über Bad Salzuflen nach Lage (Lippe), wo die Nebenbahn Bielefeld–Lemgo gekreuzt wird. Nächste wichtigere Stationen sind Detmold und Bad Meinberg, bevor die Bahn in Himmighausen auf die zweigleisige Hauptbahn Hannover–Altenbeken trifft. Schöne Fotomotive findet man vor allem im südlichen Teil der Strecke, wo ein reizvolles Hügelland aus Wiesen und Waldbeständen durchfahren wird. Leider ist die Bahntrasse hier an vielen Stellen zugewachsen.

Nördlich von Bad Meinberg eilt die Regionalbahn nach Paderborn im Oktober 2012 durch den herbstlichen Teutoburger Wald

MÜNSTER (WESTF)–WARENDORF–RHEDA-WIEDENBRÜCK

AUF EINEN BLICK

Kursbuchstrecke 406

Anbieter NordWestBahn

Fahrzeuge 294, Talent (Bombardier)

Streckenlänge 50 km

Highlights Streckenverlauf östlich von Telgte

Die Nebenbahn hat eine Besonderheit, die man nur selten findet. Sie führt nahezu im gesamten Verlauf parallel zu einer Bundesstraße und galt wegen der vielen nur mit Andreaskreuzen versehenen Bahnübergänge lange Zeit als eine der langsamsten der Deutschen Bundesbahn. Als sie Ende der 1980er-Jahre stillgelegt werden sollte, kam es zu einer Wettfahrt mit einem Traktor, der fast genauso schnell unterwegs war wie der Zug. Damit sollte die Untätigkeit der Bundesbahn zur Verbesserung der Attraktivität unter Beweis gestellt werden. Inzwischen redet niemand mehr von Stilllegung, vielmehr hat DB Netze endlich damit begonnen, die Bahn auszubauen und zu modernisieren. Gute Fotomotive gibt es zwischen Münster und Rheda nur wenige, man muss schon ein wenig suchen, um dem störenden Straßenverkehr zu entgehen. Den Betrieb führt die NordWestBahn im Stundentakt, eine Verdichtung zu Hauptverkehrszeiten ist vorgesehen. Güterzüge verkehren nicht mehr, lediglich im Stadtbereich von Rheda-Wiedenbrück wird noch ein Anschlussgleis bedient.

Im Spätsommer 2009 ist die NordWestBahn inmitten blühender Rapsfelder zwischen Beelen und Warendorf unterwegs.

MÜNSTER (WESTF)–STEINFURT–GRONAU (WESTF)–ENSCHEDE (NL)

Die eingleisige Hauptbahn verbindet die kreisfreie Stadt Münster in Westfalen mit der niederländischen Stadt Enschede in der Provinz Overijssel. Durchfahren wird das ländlich geprägte westliche Münsterland, das mit seinen landwirtschaftlichen Anwesen und Wasserschlössern und den typischen Wallhecken parkähnliche Strukturen aufweist. Steinfurt und Gronau bilden Oberzentren mit nennenswerter Industrie, die für die Bahn jedoch ohne Bedeutung ist. Zwischen Gronau und Enschede (NL) kam der Bahnbetrieb 1981 zum Erliegen, wurde 2001 aber wieder aufgenommen. Dabei entstanden die Haltepunkte Glanerbrug und De Eschmarke, um einen größeren Publikumskreis zu erschließen. Der Betrieb beschränkt sich heute auf stündlich verkehrende Regionalbahnen mit Bombardier-Dieseltriebwagen von Typ „Talent" der Deutschen Bahn, Güterzüge verkehren nicht mehr. Die hohe Nachfrage hat inzwischen zu Überlegungen geführt, Teile der Strecke mit einem zweiten Gleis zu versehen und zu elektrifizieren. Ferner will man das Zugangebot erheblich verdichten.

AUF EINEN BLICK

Kursbuchstrecke 407

Anbieter DB

Fahrzeuge 643

Streckenlänge 64 km

Highlights Die Strecke führt nahezu im gesamten Verlauf durch die münsterländische Parklandschaft

Regionalbahn nach Enschede im Spätsommer 2010 zwischen Steinfurt und Metelen Land

Der für den SPNV im Münsterland zuständige Zweckverband wirbt zu besonderen Anlässen mit historischen Zügen für den Schienenverkehr (b. Lutum, September 2011)

MÜNSTER (WESTF)–COESFELD
BAUMBERGEBAHN

Die Nebenbahn ist der verbliebene Rest der Strecke Münster–Coesfeld–Borken–Bocholt–Empel-Rees, die einst große Teile des westlichen Münsterlandes erschloss. Den Namen „Baumbergebahn" gab ihr das Hügelland der „Baumberge" im Nordosten der Stadt Coesfeld. In Billerbeck wird mit 140 m ü. NN der höchste Punkt der bogenreich trassierten Strecke erreicht, wobei teilweise tiefe Einschnitte und markante Bahndämme anzutreffen sind. Seit Mai 1974 enden alle Reisezüge in Coesfeld. Gut zehn Jahre später folgte die Gesamtstilllegung der über Coesfeld nach Westen weiterführenden Trasse.

Der noch bestehende Teil der „Baumbergebahn" wird heute im angenäherten Stundentakt mit Bombardier-Dieseltriebwagen vom Typ „Talent" bedient. Im Zuge des Ausbaus der Strecke ging 2011 der neue Haltepunkt „Coesfeld Schulzentrum" in Betrieb, ferner erfolgte im Vorfeld des geplanten Halbstundentaktes, die Reaktivierung des Bahnhofs Lutum für Zugkreuzungen.

AUF EINEN BLICK

Kursbuchstrecke 408

Anbieter DB

Fahrzeuge 643

Streckenlänge 42 km

Highlights Streckenverlauf rund um Billerbeck

RHEINE–MÜNSTER (WESTF)–HAMM

Die Strecke, die einst für den Erzverkehr von Emden zum Ruhrgebiet und Saarland von großer Bedeutung war, ist heute zumindest nördlich von Münster eher eine vornehmlich dem Reisezugverkehr dienende Hauptbahn. Verlässt man Rheine, so sind rechterhand die Flächen des früheren Rangierbahnhofs sowie die Ruinen des bei Eisenbahnfreunden bekannten ehemaligen Bahnbetriebswerks zu sehen. Danach geht es in ländliche Gebiete, wobei der starke Bewuchs beiderseits der Bahn häufig die Sicht ins Umland behindert. Die nächstgrößere Stadt ist Emsdetten. Am südlichen Ortsrand befinden sich mehrere Anschlussgleise, doch nur eines davon ist noch in Betrieb und wird morgens von Osnabrück aus über Rheine mit einer Lok der Baureihe 295 bedient. Ansonsten sieht man im Güterverkehr hauptsächlich Kesselwagenzüge im Spotverkehr, gelegentlich auch Auto- und Containerzüge sowie einzelne Stahl- und Schrottzüge. Der weitere Verlauf über Greven ist eher unspektakulär, Fotomotive gibt es nur wenige. Der Hauptbahnhof von Münster mit seinen zahlreichen Bahnsteiggleisen stammt aus der Nachkriegszeit und wurde 2012 größeren Renovierungsarbeiten unterzogen. Der Weg ins sehenswerte Stadtzentrum von Münster ist von hier nicht weit.

Der nun folgende Streckenabschnitt bis Hamm wird von deutlich mehr Güterzügen befahren, obwohl auch hier der Reiseverkehr dominiert. Über Rinkerode, Drensteinfurth und den noch immer recht fotogenen Bahnhof Mersch wird Bockum-Hövel erreicht. Der dortige Bahnhof ist der einzige, der noch mit einer größeren Zahl Nebengleise aufwarten kann, denn hier zweigt die private Werne–Bockum-Höveler Eisenbahn ab, die noch zur Versorgung eines großen Kohlekraftwerks benötigt wird. Wenig später werden die Lippe und der Datteln-Hamm-Kanal überquert und schon ist man in Hamm, wo gute Verbindungen in das Ruhrgebiet, ins Bergische Land, aber auch in Richtung Bielefeld/Berlin und Soest/Kassel bestehen.

AUF EINEN BLICK

Kursbuchstrecke 410

Anbieter DB, Westfalen-Bahn, eurobahn

Fahrzeuge 101, 111, 112, 120, 145, 152, 185, 189, 294, 295, 423, 425, Flirt (Stadler), Lok div. EVU

Streckenlänge 75 km

Eine Lok der Häfen und Güterverkehr Köln (HGK) befördert bei Reckenfeld einen langen Kesselwagenzug gen Norden

AUF EINEN BLICK

Kursbuchstrecke 411

Anbieter DB, eurobahn

Fahrzeuge 101, 120, 402, 643, Flirt (Stadler)

Streckenlänge 56 km

MÜNSTER (WEST)–LÜNEN–DORTMUND

DER LÜNER

Die Verbindung von Münster nach Lünen wurde erst 1928 eröffnet und schließt dort an die bereits seit 1874 bestehende Dortmund–Gronau–Enscheder Eisenbahn an. Während der Abschnitt Lünen–Dortmund ein zweites Gleis erhielt, wurde die Neubaustrecke nach modernen Gesichtspunkten trassiert und verläuft entweder im Einschnitt oder in Dammlage zur Vermeidung höhengleicher Kreuzungen mit Straßen und Wegen. Der eingleisige Streckenteil ist dicht belegt. Stündlicher Fern- und Nahverkehr lassen trotz mehrerer Kreuzungsbahnhöfe kaum noch freie Räume für Sonderleistungen. Folglich verkehren hier auch keine planmäßigen Güterzüge. Auch wenn seinerzeit der Unterbau zwischen Münster und Lünen einschließlich der Brückenwiderlager für den zweigleisigen Ausbau vorbereitet wurden, unterblieb der zweigleisige Ausbau bis heute.

Eisenbahnfotografen haben es vor allem nördlich von Lünen nicht leicht, an ein gutes Foto zu kommen. Hänge und Dämme sind vielfach mit Bäumen bestanden, die Bahnhöfe wenig fotogen. Auch Bahnreisende bekommen wegen des dichten Bewuchses vom schönen Münsterland nicht allzu viel zu sehen. Immerhin gibt es zahlreiche Straßen- und Wegeüberführungen, die einen einigermaßen freien Blick aufs Gleis erlauben. Südlich von Lünen hingegen verändert sich das Landschaftsbild im Umfeld der nun zweigleisigen Strecke, denn hier wird das von Bergbau und Schwerindustrie geprägte Ruhrgebiet erreicht. Viele typische Attribute des Montanzeitalters sind noch entlang der Strecke zu sehen, darunter ein Binnenschifffahrtskanal, alte Schachtgerüste und Bergehalden. Eine Industriebrache großen Ausmaßes erstreckt sich bei Erreichen des Dortmunder Stadtgebiets auf der Ostseite der Bahn. Hier stand bis zu ihrer Stilllegung im Jahr 2001 die Dortmunder Westfalenhütte. Nur allmählich lassen sich die ungenutzten Flächen neu vermarkten.

Südlich von Lünen ist der Verkehr noch dichter als im Nordabschnitt, denn hier verkehren neben den von der eurobahn gefahrenen Regionalzügen Münster–Dortmund zusätzlich die Regionalbahnen Dortmund–Gronau bzw. Enschede von DB Regio. Gelegentlich sind hier auch Güterzüge zu beobachten. Dieses ist vor allem dann der Fall, wenn die Strecke Hamm–Dortmund nicht zur Verfügung steht und der Güterverkehr über die Hamm-Osterfelder Bahn und einen Verbindungsbogen südlich von Lünen umgeleitet werden muss.

Typische Streckenführung im Einschnitt zwischen Werne und Lünen

Schulungsfahrt mit einer Doppeleinheit der Baureihe 643 südöstlich von Ahaus

(DORTMUND–) LÜNEN–COESFELD–GRONAU (WESTF)–ENSCHEDE (NL)

WESTMÜNSTERLANDBAHN

Die eingleisige Nebenbahn verbindet das östliche Ruhrgebiet mit der niederländischen Region Twente in der Provinz Overijssel. Der südliche Teil der Strecke wurde später im Zusammenhang mit dem Bau der Hauptbahn Münster–Lünen (–Dortmund) zweigleisig ausgebaut und wird als elektrifizierte Hauptbahn vornehmlich für den IC- und ICE-Verkehr betrieben. Die „Westmünsterlandbahn" führt durch einen vornehmlich ländlich strukturierten Raum mit einem vielerorts parkartig geprägten Landschaftsbild. Erschlossen werden neben kleineren Ortschaften auch größere Städte wie Coesfeld und Gronau mit nennenswerten Industrieansiedlungen, die für den Bahnverkehr allerdings keinerlei Bedeutung mehr haben. Zwischen Gronau und Enschede (NL) ruhte seit 1981 der Bahnbetrieb. Erst nach längeren Verhandlungen konnte der grenzüberschreitende Reisezugverkehr im Jahr 2001 wieder reaktiviert werden. Die Bedienung der Strecke erfolgt derzeit im angenäherten Stundentakt, wobei Zugkreuzungen in Lüdinghausen, Coesfeld und Epe stattfinden. Eingesetzt werden Dieseltriebwagen der Deutschen Bahn vom Typ Talent. Güterverkehr findet nur noch zwischen Dortmund und Lüdinghausen statt.

AUF EINEN BLICK

Kursbuchstrecke 412
Anbieter DB
Fahrzeuge 643, 294
Streckenlänge 82 km
Highlights Bahnhof Bork und Streckenverlauf durchs schöne Münsterland

Bunter Verkehr - EC aus der Schweiz in Düsseldorf-Rath, Sommer 2012

KÖLN–DÜSSELDORF–DUISBURG–ESSEN

Die Kursbuchstrecke 415.1 ist heute die wichtigste Eisenbahnstrecke für den Reiseverkehr zwischen dem Kölner Raum und dem zentralen Ruhrgebiet. Der sehenswerte Kölner Hauptbahnhof in unmittelbarer Nähe zum weltbekannten Kölner Dom ist der Ausgangspunkt einer Reise durchs westliche Ruhrgebiet. Unmittelbar an den Hauptbahnhof schließt sich die dreiteilige Hohenzollernbrücke an, die Reisenden bei gutem Wetter zu beiden Seiten einen herrlichen Blick über den Rhein ermöglicht. Unmittelbar hinter Köln-Messe/Deutz schwenkt die Strecke nach Norden und man blickt auf die großflächigen Anlagen des Bahnwerks Köln-Deutzerfeld. Im weiteren Verlauf folgt umfangreiche Wohnbebauung der Nachkriegszeit, grüne Abschnitte sind hier selten. Begleitet wird die Fernbahn hier von der S 6, ab Langenfeld auch von der S 68. Die starke Besiedlung ist u. a. auf die Bayerwerke zurückzuführen, deren umfangreiche Betriebsanlagen in geringer Entfernung zu sehen sind. Kurz vor Düsseldorf sind einige aufkommensstarke Industriegleise an die Strecke angeschlossen. Dann ist der Hauptbahnhof der Landeshauptstadt erreicht.

Nördlich von Düsseldorf wird erneut ersichtlich, dass der Verkehr sich auf dieser Strecke hauptsächlich auf den Personenverkehr konzentriert, die Flächen stillgelegter Gütergleise und -bahnhöfe sind unübersehbar. Sie werden wohl bald weitgehend überbaut sein. Es folgt der Düsseldorfer Flughafen. Viele Fluggäste nutzen die Bahn für die An- und Abreise. Nach kurzer Fahrt durch weniger dicht besiedeltes Gebiet erreicht der Zug Duisburg Hbf. Die Bahnsteighalle ist in die Jahre gekommen und soll trotz Denkmalschutz abgerissen werden. Nunmehr wieder in Ost-West-Richtung verlaufend, teilt sich die Strecke in mehrere Äste auf, die auf längeren Brücken die Ruhrwiesen überqueren. Bei Mülheim an der Ruhr trifft die Bahn auf die stahlverarbeitende Industrie, während uns verschiedene S-Bahnlinien begleiten. Immer wieder einmal wird der Blick frei auf vielfach stillgelegte frühere Güterzugstrassen. Schließlich erreicht der Zug den erst vor einigen Jahren sanierten Essener Hauptbahnhof, der für die Freunde von Reisezügen viel Abwechslung zu bieten hat. Der Güterverkehr ist dagegen sehr schwach, tagsüber auch fast gar nicht existent.

AUF EINEN BLICK

Kursbuchstrecke 415.1

Anbieter DB, eurobahn

Fahrzeuge 101, 120, 143, 145, 152, 185, 189, 403, Flirt (Stadler), Lok div. EVU

Streckenlänge 83 km

Highlights Kölner Hauptbahnhof, Hohenzollernbrücke, Ruhrbrücken bei Duisburg

ESSEN–BOCHUM–DORTMUND–HAMM

Diese Strecke ist die östliche Fortsetzung der aus Köln kommenden Kursbuchstrecke 415.1. Bis 2009 waren beide im Kursbuch unter der Nummer 415 vereint, dann erfolgte die aktuell gültige Aufteilung. Die Hauptbahn nach Hamm dient neben der Erschließung des östlichen Ruhrgebiets auch dem Fernverkehr Richtung Berlin. In der östlichen Ausfahrt des Essener Hauptbahnhofs zweigt nach Süden die S-Bahnlinie S6 in Richtung Ratingen/Düsseldorf ab, während auf der gegenüberliegenden Seite die von der S 2 befahrene Strecke nach Gelsenkirchen in nördliche Richtung schwenkt. Wenig später teilt sich die Strecke erneut. Während die Fernbahn geradeaus über Wattenscheid nach Bochum führt, schwenkt die zweigleisige S-Bahnstrecke nach Hattingen und Bochum (S1 und S3) nach Süden ins Ruhrtal.

Im Bereich der dichten Bebauung bis Wattenscheid – hier liegt der Bahnhof erhöht auf einem Damm – findet man kaum brauchbare Fotomotive. Hinter Wattenscheid folgen die imposanten Werksanlagen des Edelstahlwerks Bochum des ThyssenKrupp-Konzerns, die über den Bahnhof Bochum-Nord an das Eisenbahnnetz angeschlossen sind. An die Strecke Essen–Hamm hingegen sind linkerhand ein Stahlhandels- und ein Unternehmen für Altschotterrecycling angebunden. Bei letzterem sind regelmäßig Lokomotiven privater EVU anzutreffen.

Der Bochumer Hauptbahnhof ist wegen seiner geschwungenen Bahnsteigdächer sehenswert. Unmittelbar östlich davon erblickt man linkerhand die markanten Fabrikgebäude der Familienbrauerei Moritz Fiege, die von Fotofreunden gern mit der Eisenbahn in Szene gesetzt werden. Hinter der Brauerei nähert sich von Norden her die von vielen Güterzügen befahrene Strecke aus Wanne-Eickel über Bochum-Nord. Die Güterzuggleise unterqueren die Fernbahn, um bald darauf auf eigener Trasse in Richtung Hagen zu führen. Vorübergehend wird es nun etwas grüner am Schienenstrang, bevor rechterhand der Güterbahnhof Langendreer zu sehen ist, der hauptsächlich dem Verkehr zu den Bochumer Opel-Werken dient.

Hinter Dortmund Hbf erfolgt der Übergang in ländliche Regionen, nachdem in Scharnhorst die Dortmunder Güterbahn auf die Trasse nach Hamm gestoßen ist. Sie sorgt dafür, dass auf dem nun folgenden Abschnitt bis Hamm der Güterverkehr etwas dichter ist als auf der restlichen Strecke.

Kurz vor Hamm erreicht die Strecke den Knotenbahnhof Hamm, der einst der größte Rangierbahnhof Europas gewesen sein soll. Zwar sind inzwischen nur noch Teile der Anlage in Betrieb, doch noch immer herrscht hier reger Betrieb. Schließlich ist der Personenbahnhof erreicht, dessen imposante Eingangshalle man auf jeden Fall gesehen haben sollte.

AUF EINEN BLICK

Kursbuchstrecke 415.1
Anbieter DB, eurobahn
Fahrzeuge 101, 110, 111, 120, 145, 146, 152, 185, 189, 294, 402, 422, 425, Flirt (Stadler), Lok div. EVU
Streckenlänge 87 km
Highlights Bahnhof Bochum mit Fiege Brauerei

Überführung von Reisezugwagen bei Nordbögge

AUF EINEN BLICK

Kursbuchstrecke 416

Anbieter DB

Fahrzeuge 101, 111, 112, 120, 140, 145, 152, 185, 189, 225, 294, 402, 406, 422, Flirt (Stadler), Lok div. EVU

Streckenlänge 105 km

Highlights Museumsbahnsteig Oberhausen und Kokerei Zollverein

DÜSSELDORF–DUISBURG–OBERHAUSEN–DORTMUND–HAMM

Geschichtlich geht die Strecke auf die private Cöln-Mindener Eisenbahngesellschaft (CME) zurück und ist somit die erste Fernmagistrale des Ruhrgebiets. Der Abschnitt zwischen Düsseldorf und Duisburg ist mit der bereits beschriebenen Kursbuchstrecke 415.1 identisch und soll daher hier nicht weiter berücksichtigt werden. Von Duisburg aus geht es zunächst nach Oberhausen Hbf, wo man in Bahnhofsmitte einen „Museumsbahnsteig“ angelegt hat, an dem mehrere historische Fahrzeuge des Montanverkehrs ausgestellt sind. Starker Güterverkehr prägt den nun folgenden Abschnitt, der die Brachflächen der früheren Hüttenwerke Oberhausens tangiert. Bald wird der Norden Essens erreicht. In Höhe des Ortsteils Dellwig schwenkt eine zweigleisige Bahn in Richtung Bottrop, über die ein großer Teil des Güterverkehrs nach Nordosten geführt wird. Der Rest verbleibt auf dem Dortmunder Ast, der schon bald den Essener Ortsteil Altenessen mit der ehemaligen Zeche Zollverein erreicht. Die weit über die Grenzen NRWs hinaus bekannten Tagesanlagen mit dem markanten Doppelbock-Schachtgerüst und der ehemaligen Kokerei liegen südlich der Bahnlinie und können über die frühere Anschlussbahn zu besonderen An-

Im Bereich von Oberhausen wird die Strecke von zahlreichen Güterzügen befahren

lässen auch auf der Schiene erreicht werden. Hier gibt es eine bei Eisenbahnfreunden als Fotostandpunkt sehr beliebte Fußgängerbrücke.

Bald ist der Gelsenkirchener Hauptbahnhof erreicht, wo von Süden her die S-Bahn aus Essen einmündet. Es folgen auf der Nordseite Brachflächen der früheren Gelsenkirchener Hüttenwerke sowie mehrere Überwerfungsbauwerke und Verbindungsbögen. Der Bahnhof Wanne-Eickel im weiteren Streckenverlauf hat nach wie vor Bedeutung als Knotenbahnhof für den Güterverkehr, während in Herne auf der hier anschließenden Werkbahn der Firma Sasol sogar noch eine Dampfspeicherlok einsetzt wird. Die Gleisanlagen des Herner Güterbahnhofs hingegen liegen brach. Weiter östlich zweigt die nicht elektrifizierte Emschertalbahn nach Dortmund ab, der wir vor dem dortigen Hauptbahnhof noch einmal begegnen werden. Hinter Castrop-Rauxel folgt Dortmund-Mengede. Hier zweigt mit der S 2 eine weitere Strecke nach Dortmund ab, die auch im Güterverkehr befahren wird. Kurz vor Dortmund kreuzt die örtliche Güterumgehungsbahn, zu der auch eine Verbindung besteht. Vom Zug aus sieht man die Anlagen der stillgelegten Kokerei Hansa, die wie die Zeche Zollverein der Nachwelt erhalten wird. Im nahegelegenen früheren Depot Mooskamp der RAG ist heute ein Straßenbahnmuseum untergebracht. Kurz vor der Einfahrt in den Dortmunder Hauptbahnhof werden erneut größere Brachflächen berührt, die zum einstigen Rangierbahnhof gehören. Ab hier ist der weitere Streckenverlauf nach Hamm mit der bereits beschriebenen Kursbuchstrecke 415.2 identisch.

DUISBURG–OBERHAUSEN–GRENZE BD/NL (–ARNHEIM)

Diese Strecke ist vor allem für den Güterverkehr von und zu den niederländischen Seehäfen von enormer Bedeutung. Obwohl Duisburg und Oberhausen im dicht besiedelten Westen des Ruhrgebiets liegen, trennen sie die grünen Ruhrwiesen, die mit langgezogenen Brücken überquert werden. Hinter Oberhausen geht es durch ein dichtes Netz von Eisenbahnstrecken, Wasserwegen und Straßen. Bis Dinslaken ist das Gebiet weitgehend bebaut, bietet aber durchaus schöne Motive, wie beispielsweise die Brücke an der Station Sterkrade. In Dinslaken besteht durch die hier ansässige Benteler Steel Tube GmbH noch örtlicher Güterverkehr, der vornehmlich mit Ganzzügen abgewickelt wird. Im weiteren Streckenverlauf wird es nun zunehmend ländlicher, bevor Wesel erreicht wird. Sehenswert sind die Reste der früheren Rheinbrücke, die nach der kriegsbedingten Sprengung durch deutsche Pioniere im März 1945 nicht wiederhergestellt wurde. Der Verein Historischer Schienenverkehr Wesel e.V. führt auf der örtlichen Hafenbahn und einer Anschlussbahn Museumsbahnverkehr durch.

Hinter Wesel wird es sichtbar ländlicher, hier zweigt die Nebenbahn nach Bocholt ab. Landwirtschaftliche Nutzflächen und kleinere Waldstücke begleiten die Strecke auf den folgenden Kilometern in der typischen Niederrheinlandschaft. Anstelle von Bahnhöfen gibt

AUF EINEN BLICK

Kursbuchstrecke 420

Anbieter DB

Fahrzeuge 110, 146, 189, 294, 406, 425, Lok div. EVU

Streckenlänge 79 km

Highlights Ruhrwiesen bei Duisburg, Streckenverlauf nördlich von Wesel

es hier fast nur noch Haltepunkte. Der letzte Bahnhof vor der Grenze ist Emmerich, wo früher der unterschiedlichen Stromsysteme wegen grenzüberschreitende Züge umgespannt werden mussten. Dank moderner Mehrsystemlokomotiven kann darauf heute verzichtet werden. Viele Züge wechseln auf niederländischer Seite auf die neue Betuweline, die als einzige niederländische Bahnstrecke mit 25 kV Spannung bei 50 Hertz Netzfrequenz elektrifiziert ist. In Emmerich gibt es übrigens eine Hafenbahn, die gemeinsam mit einigen auf der Bahn aktiven Kunden von der Bocholter Eisenbahn bedient wird. Die letzten Kilometer bis zur Grenze sind landschaftlich zwar reizvoll, aber wegen des fehlenden Nahverkehrs weniger stark mit Zügen belegt.

Wer also dichten Güterverkehr erleben will, der ist an dieser Strecke genau richtig. Die DB verwendet hauptsächlich Mehrsystemloks der Reihe 189, die auch von zahlreichen Privatbahnen hier eingesetzt werden. Die sicherlich interessantesten Zugleistungen sind die 5.000-Tonnen-Erzzüge von Rotterdam ins Saarland, die planmäßig mit Doppeltraktion verkehren. Die hohe Zugbelastung, die im südlichen Teil der Strecke vor allem durch den dichten Reiseverkehr verursacht wird, ruft besonders im Raum Oberhausen-Sterkrade immer wieder Zugstauungen hervor.

Captrain-Papierzug im Januar 2011 im Wald bei Elten

Inmitten der niederrheinischen Landschaft bei Hamminkeln

WESEL–BOCHOLT
DER BOCHOLTER

Ursprünglich führte diese Strecke bis ins niederländische Winterswijk und war Teil eines großen Netzes von Nebenbahnen, das sich früher vom Münsterland bis an den Niederrhein erstreckte. Von diesem sind heute nur noch Fragmente vorhanden, so auch die Stichstrecke von Wesel nach Bocholt. Das weitere Schicksal dieser recht aufkommensschwachen Linie wurde in der Vergangenheit in verschiedene Richtungen diskutiert. Die Varianten reichen von einer Stilllegung bis zur Elektrifizierung. Ebenso wurde die Reaktivierung der stillgelegten Strecke von Bocholt über Borken nach Coesfeld angedacht. Derzeit aber verkehrt „Der Bocholter" noch auf einer von zahlreichen unbeschrankten Bahnübergängen geprägten Strecke, die durch die flache niederrheinische Landschaft aus Wiesen, Äckern und einigen kleineren Waldgebieten führt. Im Güterverkehr hat die Bahn in den letzten Jahren wieder an Bedeutung gewonnen. In Hamminkeln, dem letzten verbliebenen Kreuzungsbahnhof, wurde ein Werk der Firma Max Bögl angeschlossen, das Ganzzüge mit Betonfertigteilen zum Versand bringt und von der Bocholter Eisenbahngesellschaft (BEG) bedient wird. Auch in Bocholt selbst gibt es Gleisanschlüsse, die früher nach Empel-Rees führende Strecke ist noch als ein mehrere Kilometer langes Anschlussgleis erhalten geblieben. Derzeit weist es aber keinen Verkehr auf, lediglich der Verein zur Erhaltung des Schienenverkehrs Bocholt (VEFS) führt hier gelegentliche Sonderfahrten durch. Somit verbleibt nur ein Stahlhändler am Bocholter Bahnhof, der nach Jahren der Abstinenz wieder Interesse am Schienengüterverkehr hat. Befahren wird die Strecke derzeit von einem Triebwagen der Baureihe 628.4.

AUF EINEN BLICK

Kursbuchstrecke 421

Anbieter DB

Fahrzeuge 628, Lok priv. EVU

Streckenlänge 20 km

Highlights Formsignale rund um Hamminkel

BORKEN–DORSTEN–BOTTROP–OBERHAUSEN/ESSEN

AUF EINEN BLICK

Kursbuchstrecke 423

Anbieter NordWestBahn

Fahrzeuge Talent (Bombardier) 140, 145, 152, 185, 189, 294, 422, Lok div. EVU

Streckenlänge 54 km

Highlights Formsignale in den Bahnhöfen Rhade und Dorsten

Einst handelte es sich bei dieser Bahn um eine wichtige grenzüberschreitende Verbindung ins niederländische Winterswijk. 1979 fuhr letztmalig ein Güterzug über die Grenze. Offiziell erfolgte die Stilllegung des Abschnitts nördlich von Borken 1996. Jüngst wurde auch der Güterverkehr in Borken eingestellt. Hier besteht nach wie vor ein längeres Anschlussgleis, das zu einer Panzerrampe führt, an der zuletzt Holz verladen wurde. Der Bahnhof Borken selbst liegt in der Nähe des Stadtzentrums. Der größte Teil der Gleisanlagen wurde in den letzten Jahren zurückgebaut. Die Strecke führt von hier durch die westliche münsterländische Parklandschaft. Hinter dem Haltepunkt Marbeck-Heiden folgt der noch mit Formsignalen ausgestattete Bahnhof Rhade, dessen Südausfahrt sehr fotogen ist. Weiter geht es nach Deuten. Hier wurde das Kreuzungsgleis zwar inzwischen entfernt, es besteht aber noch ein Gleisanschluss zu einem nahe gelegenen Munitionslager der Bundeswehr. Auf dem Gelände befinden sich umfangreiche Gleisanlagen, zu denen auch ein Gleisdreieck und ein großer Rundkurs gehören. Die Anlage wird bei Bedarf noch heute bedient.

Im Raum Dorsten findet man nur noch einen kleinen Teil der einst hier bestehenden Gleisanlagen. Der Haltepunkt Hervest-Dorsten im Norden der Stadt war früher ein Turmbahnhof im Schnittpunkt mit der Hauptbahn Strecke Haltern–Wesel, von der lediglich noch ein rund sechs Kilometer langes Teilstück zu einem Umspannwerk übrig geblieben ist. Ganz in der Nähe des Turmbahnhofs sorgte das Bergwerk Fürst Leopold bis zur Schließung im Jahr 2000 für regen Kohleverkehr zwischen Dorsten und Gladbeck. Auch der Bahnhof Dorsten war früher wesentlich größer, nur wenige Nebengleise sind ver-

Der Bahnhof Rhade ist nach wie vor mit Formsignalen ausgestattet (November 2011)

blieben. Immerhin hat die NordWestBahn, die mit modernen Talent-Triebwagen heute die Strecke befährt, am südlichen Bahnhofkopf einen neuen Wartungsstützpunkt errichtet. Zudem gibt es in Dorsten noch eine Hafenbahn, aber auch diese wird nur selten befahren. In den letzten Jahren wurden Ganzzüge mit Rohholz in Dorsten abgefertigt, aber auch diese Verkehre sind inzwischen entfallen.

Südlich von Dorsten ist die Strecke zweigleisig und trifft in Gladbeck auf das Ruhrgebiet. Am Abzweig Zweckel befand sich bis vor wenigen Jahren ein mechanisches Stellwerk mit üppigem Blumenschmuck. Hier zweigt von der nach Wanne-Eickel weiterführenden Strecke eine Gleisverbindung zur Hamm-Osterfelder Bahn ab, die uns nach Bottrop führt. Dessen Bahnhof ist ein moderner Zweckbau. In diesem Bereich stößt man auf ein dichtes Schienennetz. Über eine kurze Verbindungsbahn gelangt man auf die frühere Cöln-Mindener Eisenbahn und hat von dort schnell den Bahnhof Oberhausen erreicht. Züge, die nicht direkt nach Oberhausen fahren, nutzen die auch von der S 9 befahrene Strecke über Essen-Borbeck. In Essen-West ist die Kursbuchstrecke 415.1 erreicht, die in den Hauptbahnhof Essen führt.

Formsignal einer Blockstelle südlich der Ortschaft Reken

DORSTEN–COESFELD
DER COESFELDER

Die eingleisige fahrdrahtlose Hauptbahn ist heute nur noch ein Schatten ihrer selbst. Zwar war sie immer nur eingleisig, dennoch hatte sie bis Anfang der 1970er-Jahre starken Güterverkehr, vor allem mit Kohle und Erz, zu verkraften. Heute geht es hier mit an Werktagen stündlich verkehrenden Regionalbahnen eher beschaulich zu, während der Güterverkehr gänzlich zum Erliegen gekommen ist. Gekreuzt werden kann derzeit nur noch im Bahnhof Maria Veen, so dass das Einlegen von Sonderzügen lediglich noch an Sonntagen möglich ist.

Landschaftlich gesehen zählt die Strecke zu den schönsten des Münsterlandes, zumal auf einer Teilstrecke sogar noch die klassische Telefonfreileitung anzutreffen ist. Auch haben sich bis heute die Formsignale halten können. Zwar sorgt mancherorts dichter Bewuchs bei den Eisenbahnfotografen für Verdruss, doch wer sich ein wenig umsieht, findet so manche schöne Stelle. Lohnenswert sind auch die Bahnhöfe oder das, was von ihnen übrig geblieben ist. In Lembeck und Wulfen sind sogar noch mechanische Blockstellen in Betrieb. Hier befanden sich früher Bahnhöfe.

AUF EINEN BLICK

Kursbuchstrecke 424

Anbieter NordWestBahn

Fahrzeuge Talent (Bombardier)

Streckenlänge 35 km

Highlights Bahnhof Maria Veen mit Formsignalen

(DÜSSELDORF-)DUISBURG–ESSEN–GELSENKIRCHEN–MÜNSTER (WESTF)

AUF EINEN BLICK

Kursbuchstrecke 425

Anbieter DB

Fahrzeuge 101, 111, 112, 120, 140, 145, 146, 152, 185, 189, 225, 294, 402, 425, Lok div. EVU

Streckenlänge 123 km

Highlights Lippebrücke bei Haltern

Die Kursbuchstrecke 425 durchläuft zwei vollkommen unterschiedliche Landschaften Nordrhein-Westfalens. Sie beginnt in Duisburg und nutzt zunächst die Trasse der bereits beschriebenen KBS 415.1 bis zum Essener Hauptbahnhof. Anschließend wird die Ruhrmetropole über eine kurze Verbindungsbahn verlassen, die in die Trasse der heute nicht mehr durchgehend bestehenden „Rheinischen Güterbahn" mündet. Diese Strecke wird bereits in Essen-Kray Nord wieder verlassen, auf eigenem Gleis geht es weiter nach Gelsenkirchen Hauptbahnhof. Auf den folgenden Kilometern wird die Trasse der Kursbuchstrecke 416 bis Wanne-Eickel mitbenutzt. Der dortige Bahnhof ist von starkem Güterverkehr geprägt, der aus verschiedenen Richtungen hier zusammenfließt. Teile der Gleisanlagen sind zwar inzwischen stillgelegt, dennoch besitzt der Bahnhof nach wie vor eine wichtige Verteilerfunktion für das Umland. Weiter geht es durch den von mehreren Strecken und Verbindungsbögen durchzogenen Ortsteil Herne-Baukau entlang des weithin sichtbaren Gruppenkohlekraftwerks Herne.

Der nachfolgende Bahnhof Recklinghausen Süd ist vom Güterverkehr eines privaten Anschlussnehmers geprägt, ebenso schließt hier die RAG-Anschlussbahn zur Kohlemischanlage Julia und zur Bergeentladung der Halde Hohewart an. Nördlich des Bahnhofs wird die Hamm-Osterfelder Güterbahn gekreuzt, die über Verbindungsbögen erreicht werden kann. Im nachfolgenden Bahnhof Recklinghausen müssen Güterzüge, die von der Hamm-Osterfelder Bahn kommen, häufig längere Zeit auf Weiterfahrt nach Norden warten, während in Marl-Sinsen das Steinkohlebergwerk Auguste Victoria (Stilllegung für 2015/16 geplant) anschließt. Beide Bahnhöfe haben in den ver-

120 111 hat an einem schönen Frühlingstag Bösensell passiert und wird gleich Münster erreichen

gangenen Jahren einen Teil ihrer Nebengleise verloren.

Hinter dem Bahnhof Haltern befindet sich in Höhe der Einmündung der S-Bahnlinie 9 das in einem Waldgebiet gelegene Quarzwerk Haltern-Sythen, das vom Bahnhof Marl-Sinsen aus bedient wird. Hier hat die Bahn die dicht bewohnten Gebiete verlassen und führt ins ländliche Münsterland. Die meisten Bahnhöfe bis Münster sind zurückgebaut, Überholgleise gibt es nur wenige. Es geht durch die bekannte münsterländische Parklandschaft, die von kleinen Waldgruppen und Hecken durchzogen ist. In Mecklenbeck am Stadtrand von Münster zweigt die Münsteraner Güterumgehungsbahn ab. Es gab wiederholt Pläne zu deren Stilllegung, doch diese wurden der Vernunft folgend inzwischen beigelegt. In Mecklenbeck stößt zudem die eingleisige Baumbergebahn aus Coesfeld hinzu, die uns bis zum Hauptbahnhof der Domstadt begleitet.

DORSTEN–WANNE-EICKEL–DORTMUND
EMSCHERTALBAHN

Dorsten an der Lippe war einmal ein wichtiger Knotenpunkt im nördlichen Ruhrgebiet, doch mehr als der Nahverkehr auf zwei Strecken ist davon nicht geblieben. Auch wurden die Gleisanlagen im Bereich des Bahnhofs in den vergangenen Jahren stark reduziert. Geblieben sind bis heute das stattliche Empfangsgebäude in Insellage, die beiden mechanischen Stellwerke und die Formsignale. Eine Fußgängerbrücke über den südlichen Bahnhofskopf erlaubt einen Überblick über das gesamte Bahnhofsgelände einschließlich der Werkstatt der NordWestBahn.

Zweigleisig geht es in südlicher Richtung mit einigen ansprechenden Fotomotiven durch eine abwechslungsreiche Landschaft. Am Abzweig Zweckel in Gladbeck teilt sich die Strecke. Während der nach rechts führende Gleisstrang zum Bahnhof Gladbeck an der Hamm-Osterfelder Bahn führt, geht es geradeaus nunmehr eingleisig über Gladbeck Ost und Gelsenkirchen Buer Süd weiter nach Gelsenkirchen-Bismarck. Der Streckenverlauf ist durch dichte Besiedlung in diesem Bereich wenig fotogen, lediglich am Bahnhof Buer Süd bietet eine höhengleiche Kreuzung mit einer Straßenbahnlinie ein interessantes Motiv. Bald folgt der Abzweig Hugo, der nach einer früheren Zechenbahn (Bergwerk Hugo) benannt ist. Nach wie vor in Betrieb ist die hier abzweigende und noch dem Güterverkehr vorbehaltene Strecke nach Gelsenkirchen-Horst Nord zur dortigen Ruhr Öl Chemie. Der Bereich um den Abzweig Hugo und die folgende Brücke über den Rhein-Herne Kanal bieten interessante Perspektiven für den Eisenbahnfotografen.

Nur wenig später wird der von starken Bergsenkungen geprägte Güterbahnhof Gelsenkirchen-Bismarck erreicht. Auch die nur noch von Güterzügen befahrene zweigleisige Strecke aus Oberhausen-Osterfeld mündet hier ein. Im Bereich der östlichen Bahnhofsausfahrt findet man die Anlagen des früheren Bahnbetriebwerks Gelsenkirchen-Bismarck. Die Anlage ist heute ein Museum, dessen Zu-

AUF EINEN BLICK

Kursbuchstrecke 426

Anbieter NordWestBahn

Fahrzeuge Talent (Bombardier), 145, 146, 152, 185, 189, 294, 422, Lok priv. EVU

Streckenlänge 57 km

Highlights Straßenbahnkreuzung bei Buer Süd

In Dorsten hat sich die althergebrachte mechanische Sicherungstechnik bis in die heutige Zeit halten können

kunft bis heute allerdings nicht endgültig gesichert ist. Hinter dem Schachtgebäude der früheren Zeche „Unser Fritz" geht es nunmehr wieder auf eigener eingleisiger Trasse bogenreich in den Bahnhof Wanne-Eickel, wo einst die Eltern von Heinz Rühmann die Bahnhofsgaststätte betrieben. Die folgenden Kilometer bis Herne werden auf der Hauptbahn Duisburg–Dortmund zurückgelegt, bevor am stillgelegten Güterbahnhof von Herne erneut auf eigener Trasse über Castrop-Rauxel in Richtung Dortmund gewechselt wird. Die meisten Bahnstationen an der früher zweigleisigen und von Bergsenkungen stark in Mitleidenschaft gezogenen Strecke sind teilweise völlig heruntergekommen. Güterverkehr gibt es hier schon seit Jahren nicht mehr. Die Bergwerke sind stillgelegt und die Betriebe geschlossen bzw. haben ihre Transporte auf die Straße verlegt.

In Dortmund-Bövinghausen findet man – nur wenige Gehminuten vom dortigen Bahnhof entfernt – eine der größten Sehenswürdigkeiten des Ruhrgebiets. Die hervorragend restaurierte Schachtanlage Zollern II/IV zeigt eindrucksvoll den Ruhrbergbau um die Wende vom 19. zum 20. Jahrhundert. Außerdem hat man einen Zechenbahnhof angelegt, auf dem an bestimmten Tagen mit einer Dampflok rangiert wird. Ein Anschluss des Zechenbahnhofs an die Emschertalbahn existiert nicht mehr, leider ist die geplante Wiederherstellung bislang noch nicht zustande gekommen. Die letzten Kilometer bis zum Dortmunder Hauptbahnhof führen vorbei an aufgelassenen Güterverkehrsanlagen. In diesem Bereich sind auch noch Formsignale zu finden.

DORTMUND–WITTEN–HAGEN

Der Abschnitt Dortmund–Witten wird durchgängig nur vom Fernverkehr befahren. Zunächst geht es ab Dortmund parallel zu den in Richtung Bochum/Essen führenden Gleisen, bevor kurz vor Langendreer ein kurzes Stück einer erst 1988 eröffneten Neubaustrecke folgt. Sie führt durch den 586 m langen Tunnel Bochum Oberstraße und trifft am Abzweig Stockumer Straße auf die Kursbuchstrecke 455 aus Langendreer, auf der der Nahverkehr von Abellio Rail NRW abgewickelt wird. In der Einfahrt von Witten Hbf mit seinem historischen repräsentativen Empfangsgebäude sorgt ein Weichenwerk mit mehreren Anschlussgleisen für Frachtaufkommen. Von den Bahnsteigen aus blickt man auf das gegenüberliegende Edelstahlwerk, ein ebenfalls aufkommensstarker Kunde im Güterverkehr.

Von nun an ändert sich das Landschaftsbild völlig. Es wird bergiger, die Industrielandschaft tritt in den Hintergrund. Die Bahn erreicht am Berghang verlaufend das romantische Tal der Ruhr, während auf der gegenüberliegenden Seite des Flusses die zweigleisige Güterzugstrecke nach Hagen über einen malerischen Viadukt führt. Von einem Hang auf der Nordseite lässt sich die Brücke in den Morgenstunden sehr gut fotografieren. Dieses ist vor allem dann interessant, wenn bei Bauarbeiten oder Betriebsstörungen auch der Reisezugverkehr über die Güterbahn geführt wird. Im weiteren Verlauf folgt die Strecke nach Hagen Hbf zunächst dem Ufer der Ruhr. Es folgt der zum Haltepunkt zurückgebaute Bahnhof Wetter. Die schönsten Fotomotive der Strecke sind die nun folgenden zwei Brücken über den Harkordtsee. Dieser See ist ein aufgestautes Wasserreservoir im Verlauf der Ruhr. Kurz darauf wird rechterhand der gut ausgelastete Rangierbahnhof Hagen-Vorhalle passiert. Es folgt ein System aus Verbindungskurven, Überwerfungen und Gütergleisen, bis der Hagener Hauptbahnhof erreicht ist. Den Reisenden begrüßt hier eine markante zweischiffige Bahnhofshalle und ein neobarockes Empfangsgebäude aus dem Jahr 1910.

AUF EINEN BLICK

Kursbuchstrecke 427

Anbieter Deutsche Bahn, Abellio

Fahrzeuge 101, 120, 139, 140, 145, 151, 152, 185, 189, 402, 403, 4,22 425, Flirt (Stadler) Lok priv. EVU

Streckenlänge 32 km

Highlights Brücken über den Harkordtsee

Doppelteiliger Flirt-Triebwagen der Abellio Rail NRW am Harkordtsee

AUF EINEN BLICK

Kursbuchstrecke 428

Anbieter Abellio

Fahrzeuge 140, 145, 151, 152, 185, 189, 225. 232, 294, 295, Lint 41 (Alstom) Lok priv. EVU

Streckenlänge 17 km

GELSENKIRCHEN–WANNE-EICKEL–BOCHUM

GLÜCKAUFBAHN

Diese recht kurze Strecke war bis vor wenigen Jahren unter dem Namen „Nokia-Bahn" bekannt, doch mit der Fertigungsverlagerung des nahegelegenen Mobiltelefonproduzenten nach Rumänien wurde der Name geändert. Neben dem an Werktagen halbstündlichen Reiseverkehr beherrscht ein dichter Güterverkehr das Geschehen. Unterschiedliche Eisenbahnverkehrsunternehmen sind mit verschiedenen Baureihen auf der Strecke unterwegs, die erst hinter Wanne-Eickel auf einer eigenen Trasse verläuft. In diesem Bereich findet man mehrere Brücken über die Bahn, die als Fotostandpunkt dienen können. In Riemke gibt es sowohl einen Haltepunkt als auch einen Betriebsbahnhof. Stillgelegte und leider auch von Vandalismus gezeichnete Stellwerke sind hier und da noch vorhanden. Hinter Bochum Riemke zweigt eine zweigleisige Verbindung nach Bochum-Nord ab, die planmäßig nur von Güterzügen befahren wird. Eingleisig geht es dagegen für den Personenverkehr weiter in Richtung Bochum Hauptbahnhof. Dies ist übrigens bisher die einzige Strecke, die von Abellio Rail NRW mit Dieselfahrzeugen befahren wird. Das Unternehmen hält dafür eigens drei Lint-Triebwagen in silberner Farbgebung vor.

Regionalbahn der Abellio Rail NRW bei Herne-Rottbruch

Zugkreuzung auf dem Duhnetalviadukt zwischen Neuenbeken und Altenbeken

HAMM–PADERBORN–ALTENBEKEN–WARBURG–KASSEL-WILHELMSHÖHE

WESTFÄLISCHE EISENBAHN

Die zweigleisige landschaftlich schöne Strecke verbindet Westfalen mit Kurhessen und hat eine lange Tradition. Sie führt aus dem östlichen Ruhrgebiet heraus über Soest und Lippstadt nach Paderborn, wo der Anstieg ins Eggegebirge beginnt. In starker Steigung, die früher den Einsatz von Schiebelokomotiven notwendig machte, geht es nach Altenbeken mit dem markanten Beke-Viadukt. Wenige Kilometer zuvor wird bei Neuenbeken ein weiterer, allerdings deutlich kleinerer Viadukt überquert. In Altenbeken wendet sich die Strecke in einem scharfen Bogen nach Süden und steigt weiter bis Buke, wo der höchste Punkt erreicht ist. Von dort geht es über ein kurzes Stück Neubaustrecke mit Tunnel auf die östliche Seite des Eggegebirges auf Warburg zu. Wenig später wird bei Haueda die nordrheinwestfälisch-hessische Grenze überschritten, bevor sich die Bahn nach einem erneuten scharfen Knick bei Hümme in Richtung Kassel wendet. Die Strecke ist reich an Fotomotiven, die man besonders im gebirgigen Teil der Strecke zwischen Paderborn und Hofgeismar findet.

Der früher sehr starke Güterverkehr hat in den vergangenen Jahren an Intensität verloren, nachdem wegen des steigungsreichen Streckenverlaufs viele planmäßige Züge auf andere topografisch weniger anspruchsvolle Strecken verlegt wurden. Dafür wird vor allem der Abschnitt (Hannover–)Altenbeken–Kassel häufig im Umleiterverkehr genutzt. Auch die Zahl der Fernreisezüge ist in den letzten Jahren zurückgegangen, während der Regionalverkehr deutliche Zuwächse verzeichnen konnte.

AUF EINEN BLICK

Kursbuchstrecke 430

Anbieter DB, eurobahn

Fahrzeuge 140, 145, 151, 152, 185, 189, 294, 295, 403, Flirt (Stadler), Talent (Talbot), Lok priv. EVU

Streckenlänge 189 km

Highlights Viadukte bei Neuenbeken, Altenbeken und Willebadessen

AUF EINEN BLICK

Kursbuchstrecke 431

Anbieter eurobahn

Fahrzeuge 145, 151, 152, 185, 189, Flirt (Stadler) Lok priv. EVU

Streckenlänge 53 km

Highlights Altes Stellwerk Westönnen

DORTMUND–UNNA–SOEST

HELLWEGBAHN

Ausgehend von Dortmund Hbf wird das Stadtzentrum in einem weiten Bogen umfahren und dabei zunächst die Trasse der nach Witten führenden Bahnlinie bis in Höhe des früheren Rangierbahnhofs Dortmunderfeld mitbenutzt. Es folgt nunmehr auf eigener Trasse der Haltepunkt Signal-Iduna Park (früher Westfalenhalle) mit einer nahe gelegenen Fußgängerbrücke, die einen schönen Blick auf den Haltepunkt mit dem bekannten Fernsehturm „Florian" im Hintergrund ermöglicht. Unmittelbar hinter dem Haltepunkt zweigt die eingleisige Hauptstrecke nach Hagen (Westf) ab, bevor die Bahn Dortmund-Hörde erreicht und sich in die beiden Äste nach Holzwickede und Schwerte teilt. Dortmund-Hörde war bis 2001 ein wichtiger Stahlstandort des östlichen Ruhrgebiets mit umfangsreichen Betriebsanlagen, die nach der Stilllegung 2001 weitgehend abgerissen wurden.

Im weiteren Verlauf der Strecke bis Holzwickede herrscht dichte Besiedlung vor, so dass bis auf ein kurzes freies Streckenstück zwischen Dortmund-Aplerbeck und Dortmund-Sölde kaum Fotomöglichkeiten bestehen. Der folgende Bahnhof Holzwickede – hier werden noch einige Gleisanschlüsse bedient – ist ebenfalls nicht besonders fotogen. Fündig wird der Eisenbahnfotograf schon eher auf der sich anschließenden Strecke Hamm–Hagen (Westf), die bis Unna mitbenutzt wird.

Die Soester Strecke, auch „Hellwegbahn" genannt, verlässt den Bahnhof Unna nach Osten und erreicht die fruchtbare Soester Börde. Von einem Hang aus hat man einen schönen Blick ins landwirtschaftlich geprägte Umland mit der Bahn im Vordergrund. Es folgen die Haltepunkte Lünern und Hemmerde und der frühere Bahnhof Werl, von dem nur wenige Gleise geblieben sind. Sehenswert ist der Haltepunkt Westtönnen östlich von Werl mit dem restaurierten früheren Empfangsgebäude mit Stellwerk. Vergleichsweise wenig attraktiv ist dagegen der nur noch aus wenigen Gleisen bestehende Bahnhof Soest.

Außer den planmäßig verkehrenden Flirt-Triebwagen der eurobahn herrscht nur wenig Betrieb. Die wenigen Güterzüge verkehren vornehmlich zwischen Holzwickede und Soest.

Regionalbahn nach Soest im ehem. Bf. Westönnen

DORTMUND–HAGEN–ISERLOHN

ARDEY-BAHN

Die Vorflutbrücke bei Ergste mit einem Triebwagen der Baureihe 648

Die landschaftlich schöne Strecke von Dortmund über Hagen nach Iserlohn wird im Kursbuch unter dem Namen Ardey-Bahn geführt, benannt nach einem Gebirgszug am Südrand des Ruhrgebiets. Diesen durchquert sie mit Hilfe des 795 m langen Schwerter Tunnels, bevor sie in das Sauerland gelangt. Zwischen dem Dortmunder Hauptbahnhof und Dortmund-Hörde wird zunächst die elektrifizierte Hauptbahn in Richtung Holzwickede befahren, erst hier beginnt die eigene zweigleisige fahrdrahtlose Trasse mit einigen guten Fotomotiven. Besonders attraktiv ist der südliche Voreinschnitt des Schwerter Tunnels, der sich in den Vormittagsstunden bei bestem Sonnenlicht fotografieren lässt. Der Güterverkehr beschränkt sich hier planmäßig auf nur einen Kalkzug, der aus dem Hönnetal kommend nachmittags in Richtung Dortmund verkehrt.

Bald ist der Bahnhof Schwerte mit der hier abzweigenden Oberen Ruhrtalbahn erreicht, in die von Dortmund kommend unter Umgehung des Bahnhofs über einen Verbindungsbogen eingefahren werden kann. Die Strecke nach Iserlohn führt parallel zur Hauptbahn Hamm–Hagen (Westf) durch den Bahnhof Schwerte und verläuft anschließend zwischen Personen- und Güterbahn der Hagener Strecke. Wenige Kilometer weiter unterquert sie nunmehr eingleisig die Personenbahn und führt in einem langen Bogen in Richtung der Ruhrwiesen bei Ergste. Das wohl schönste Fotomotiv ist hier nicht etwa die Ruhrbrücke selbst, sondern die westlich vorgelagerte Vorflutbrücke. Sie liegt nahezu den ganzen Tag über in bestem Licht.

Im weiteren Verlauf der Strecke sind mit Ausnahme von Kalthof (Kr Iserlohn) (Zugkreuzungen) alle Bahnhöfe verschwunden und in Haltepunkte umgewandelt worden. Die folgenden Streckenkilometer der nur von Reisezügen befahrenen Strecke sind landschaftlich interessant. Gute Fotomöglichkeiten bieten zwei Überführungen älteren Baujahrs südlich von Kalthof. In Iserlohn beschreibt die Bahn einen großen Bogen durch das Stadtgebiet, bevor der frühere Bahnhof erreicht wird. Sowohl die Strecke aus Schwerte wie auch die aus Letmathe enden hier seit Jahren als Stichstrecken. Obwohl beide Gleise direkt nebeneinander liegen, gibt es keine Verbindung zwischen beiden Strecken.

AUF EINEN BLICK

Kursbuchstrecke 433

Anbieter DB

Fahrzeuge 232, 648, Lok priv. EVU

Streckenlänge 38 km

Highlights Schwerter Tunnel und Vorflutbrücke bei Ergste

AUF EINEN BLICK

Kursbuchstrecke 434

Anbieter DB

Fahrzeuge 225, 32, 294/295, 643, 648, Lok priv. EVU

Streckenlänge 57 km

Highlights Reiterstellwerk Brügge

DORTMUND–HAGEN–LÜDENSCHEID

VOLMETALBAHN

Diese Strecke ist zweigeteilt. Der nördliche, schon immer eingleisige Abschnitt zwischen Dortmund und Hagen wird ausschließlich von Reisezügen befahren. Er ist landschaftlich recht attraktiv und kann mit dem 945 m langen Ender Tunnel und dem Herdecker Viadukt mit zwei herausragenden Ingenieurbauwerken aufwarten. Die Strecke südlich von Hagen bis Brügge war in früheren Jahren zweigleisig, doch heute wird nur noch bis Hagen-Delstern auf zwei Gleisen gefahren. Die Streckenführung in dem gewundenen Tal ist recht aufwändig. Insgesamt vier Tunnel werden bis Brügge durchfahren, wobei der 2.240 m lange Goldberg-Tunnel südlich des Hagener Hauptbahnhofs der längste ist. In Brügge wechseln die Züge die Fahrtrichtung, um auf stark steigender Strecke mit dem 412 m langen Lüdenscheider Tunnel als Scheitelpunkt das Oberzentrum Lüdenscheid zu erreichen.

Zwischen Hagen und Brügge besteht noch Güterverkehr. Befördert wird hauptsächlich Schotter aus einem Steinbruch in Krummenerl östlich von Meinerzhagen. Häufig werden die zumeist für Bahnbaustellen bestimmten Schotterzüge vorübergehend im Bahnhof Brügge abgestellt und erst bei Bedarf abgefahren. Das Reiterstellwerk in der Nordausfahrt kann nachmittags von einer nahen Straßenbrücke gut mit einem ausfahrenden Zug fotografiert werden.

Der Bahnhof Brügge mit dem bekannten Reiterstellwerk

AUF EINEN BLICK

Kursbuchstrecke 435

Anbieter DB

Fahrzeuge 225, 232, 294, 612, 628, 648, Lok priv. EVU

Streckenlänge 138 km

Highlights Reizvolle Streckenführung östlich von Bestwig

SCHWERTE–BESTWIG–BRILON WALD–WARBURG

OBERE RUHRTALBAHN

Die bis zum Ende des Zweiten Weltkrieges wichtige Hauptstrecke ist östlich von Brilon Wald heute nur noch eingleisig. Die in den 1970er-Jahren diskutierte Elektrifizierung kam dagegen nicht zustande, da aus heutiger Sicht für den Ferngüterverkehr auf parallel führenden Trassen noch genügend freie Kapazitäten vorhanden sind. Im Reisezugverkehr besteht seit Jahren ein durchgehendes stündliches Angebot, wobei sich Regionalbahnen mit bis Kassel durchlaufenden Regionalexpresszügen einander abwechseln. Weitere Regionalbahnen verkehren zwischen Schwerte und Bestwig, sodass im westlichen dicht besiedelten Streckenbereich zu den Hauptverkehrszeiten sogar ein halbstündiges Angebot besteht. Der früher bedeutende Sonderreisezugverkehr ins Hochsauerland und ins Waldecker Upland ist hingegen weitgehend zum Erliegen gekommen. Regelmäßiger Güterverkehr besteht noch zwischen Schwerte und Brilon Wald mit einem Schwerpunkt im Bereich Schwerte–Fröndenberg. Die landschaftlich attraktive Strecke kann mit vielerlei Fotomotiven aufwarten. Im westlichen Teil zwischen Schwerte und Neheim-Hüsten führt die Obere Ruhrtalbahn durch eine abschnittsweise stark bebaute, waldarme Region. Weiter östlich verengt sich das Ruhrtal und zwingt die Bahn in enge Schleifen, die zwischen Oeventrop und Freienohl zwei Tunnel erforderlich machten. Östlich von Bestwig beginnt der Anstieg zur Wasserscheide zwischen Rhein und Weser mit einem kurzen Tunnel bei Antfeld. Die Steigung endet nach 14 Kilometern im 1.393 m langen Elleringhauser Scheiteltunnel kurz vor dem Bahnhof Brilon Wald. Im weiteren Verlauf führt die nunmehr nur noch eingleisige Hauptbahn durch die landschaftlich reizvollen Täler von Hoppecke und Diemel mit zwei weiteren Tunneln und erreicht in Warburg die Strecke der früheren Westfälische Eisenbahn Hamm–Altenbeken–Kassel.

Regionalexpress Kassel - Hagen in Höhe der Ortschaft Gierskopp

UNNA–FRÖNDENBERG–MENDEN–NEUENRADE

HÖNNETAL-BAHN

Die Hönnetalbahn hat viele Gesichter. Zwischen Unna und Fröndenberg mit einer Landschaft aus Wiesen, Äckern und kleineren Waldgebieten eher unspektakulär, kann sie zwischen Fröndenberg und Menden sogar mit einem zweiten Streckengleis aufwarten. Der Grund, dass das zweite Gleis hier noch immer vorhanden ist, liegt etwas weiter südlich bei Lendringsen, wo die Kalkindustrie für teilweise erheblichen Güterverkehr sorgt. Im weiteren Verlauf der Strecke geht es ins enge Hönnetal hinein, wo in einer Landschaft mit markanten Sandsteinfelsen neben einigen größeren Brücken auch zwei Tunnel „aufgefahren“ werden mussten. Im beschaulichen Bahnhof Binolen, wo die Zeit stehengeblieben zu sein scheint, begegnen sich die stündlich verkehrenden Regionalbahnen. Ein Stellwerk ist nicht erforderlich, denn es sind Rückfallweichen vorhanden, die sich nach Überfahrt eines Zuges wieder automatisch zurücklegen. Somit kommt Binolen ohne Personal aus. Weiter südlich öffnet sich die Landschaft und über Balve und Garbeck wird der Endpunkt der Strecke in Neuenrade erreicht. Güterverkehr gibt es südlich von Horlecke derzeit nicht, doch es gibt Überlegungen, zukünftig Kalk bei der Station Sanssouci zu verladen.

AUF EINEN BLICK

Kursbuchstrecke 437

Anbieter DB

Fahrzeuge 232, 294, 640, 648, Lok priv. EVU

Streckenlänge 39 km

Highlights Felstunnel bei Klusenstein

Zwischen Fröndenberg und Menden ist die Nebenbahn aufgrund des starken Güterverkehrs noch immer zweigleisig

AUF EINEN BLICK

Kursbuchstrecke 438
Anbieter DB
Fahrzeuge 648
Streckenlänge 28 km
Highlights landschaftlich schöne Streckenführung

(DORTMUND-)BESTWIG–WINTERBERG

DORTMUND-SAUERLAND-EXPRESS

Regionalexpress nach Winterberg an der Schotterladestelle Steinhelle

Die eingleisige Nebenbahn verband einst das nordrheinwestfälische Ruhrtal mit dem hessischen Edertal. Schon Mitte der 1960er-Jahre wurde der Personenverkehr südlich von Winterberg aufgegeben. Der Güterverkehr folgte schrittweise. Heute wird nur noch der Streckenabschnitt Bestwig–Winterberg in Betrieb gehalten, wobei aber auch hier kein planmäßiger Güterverkehr mehr stattfindet. Montags bis freitags besteht ein zweistündliches Zugangebot zwischen Dortmund und Winterberg, das an Wochenenden auf einen Stundentakt verdichtet wird. Da in Siedlinghausen derzeit die einzige Kreuzungsmöglichkeit besteht und es dadurch zu einer ungünstigen Taktlage mit langen Wendezeiten in Winterberg und Dortmund kommt, soll in naher Zukunft bei Bigge eine weitere Kreuzungsmöglichkeit geschaffen werden. Damit würden auch die Voraussetzungen für ein Flügelkonzept mit Zugteilen ab Bestwig nach Brilon Stadt und Winterberg geschaffen.

Landschaftlich hat die Strecke einiges zu bieten, auch wenn teilweise der Bewuchs rechts und links der Bahn etwas störend wirkt. Der Eisenbahnfotograf wird dennoch nicht lange suchen müssen, um ein schönes Motiv in der herrlichen sauerländischen Gebirgslandschaft zu finden.

BRILON STADT–BRILON WALD–WILLINGEN–KORBACH SÜD

UPLANDBAHN

AUF EINEN BLICK

Kursbuchstrecke 439
Anbieter DB
Fahrzeuge 646, 294, Lok dev. EVU
Streckenlänge 37 km
Highlights Viadukte bei Willingen und Rhena

Eigentlich sind es zwei Strecken, die hier in einer Kursbuchtabelle zusammengefasst wurden. Die ältere von beiden verband einst Paderborn mit Brilon Wald, die andere führte früher über Korbach hinaus bis ins Staatsbad Bad Wildungen. Ältere Eisenbahnfreunde können sich noch an den „Heckeneilzug" Frankfurt (Main)–Bremen erinnern, der bis 1974 über Paderborn–Brilon Wald–Korbach verkehrte. Ende 2011 wurde der zuletzt nur noch von Güterzügen befahrene Streckenabschnitt Brilon Wald–Brilon Stadt für den Personenverkehr reaktiviert, nachdem die Strecke durch das Waldecker Upland nach Korbach nur knapp vor einer Stilllegung gerettet werden konnte. Während die Züge nach Brilon Stadt stündlich verkehren, besteht auf dem Korbacher Ast nur ein zweistündiges Angebot mit einzelnen Verdichtern. Güterzüge rollen nach wie vor auf dem Abschnitt Brilon Wald–Brilon Stadt.

Die Nebenbahn hat für den Eisenbahnfotografen eine Menge zu bieten. Neben einem Tunnel und mehreren Viadukten gibt es viele ausgesprochen schöne Landschaftsmotive vor allem im Bereich um Eimelrod und Böminghausen. Diese Gegend will erwandert werden, denn die Bahntrasse verläuft hier häufig weitab der Besiedlungen.

Ein Zug der Kurhessenbahn in einsamer Flur bei Böminghausen im Spätsommer 2012

ESSEN–BOCHUM–WITTEN–HAGEN–LETMATHE–ISERLOHN/WERDOHL–FINNENTROP–SIEGEN

RUHR-SIEG-STRECKE

Die Ruhr-Sieg-Strecke ist mit 152 km eine der längsten im Land NRW und hatte viele Jahre lang große Bedeutung für den Montanverkehr zwischen den Industrierevieren an Ruhr und Sieg. Während im Ruhrgebiet Steinkohle gefördert wurde, war Eisenerz der Rohstoff des Siegerlandes. Beide Rohstoffe werden gebraucht, um in einem Verhüttungsprozess Rohstahl zu erzeugen. Daher fand zwischen beiden Regionen stets ein reger Rohstoffaustausch statt, und dieser rollte bis zum Niedergang von Kohle und Stahl in großen Teilen über die Ruhr-Sieg-Strecke.

Die zweigleisige elektrifizierte Strecke beginnt in Bochum Hbf und führt über den Ortsteil Langendreer ins Ruhrtal. Neben Abellio-Reisezügen sieht man hier viele Güterzüge, die in Witten auf die Güterzugstrecke in Richtung Hagen-Vorhalle wechseln, während der Personenverkehr zusammen mit den Dortmunder Zügen auf der östlichen Seite der Ruhr über Wetter nach Hagen Hbf geführt wird. Auf dem Weg nach Süden folgt die Ruhr-Sieg-Strecke ab Hagen (Westf) zunächst der Hauptbahn nach Hamm und schwenkt in Höhe des Hengsteysees ins industriereiche Lennetal. Zahlreiche Firmen mit teilweise rege genutzten Gleisanschlüssen sind hier zu finden, erst südlich von Letmathe erfolgt der Übergang in eine ländlichere Region.

In Letmathe beginnt die 5,5 km lange elektrifizierte Stichstrecke nach Iserlohn, die in Iserlohn neben dem Streckengleis aus Schwerte an einem Prellbock endet. Einen Bahnhof, geschweige denn eine Weichenverbindung, gibt es hier schon lange nicht mehr. Gute Fotomöglichkeiten findet der Eisenbahnfreund im Bereich des Haltepunkts Letmathe-Dechenhöhle.

Von wenigen Ausnahmen abgesehen folgt die in Richtung Siegen führende Hauptbahn der Lenne stets in Ufernähe und wechselt dabei mehr-

AUF EINEN BLICK

Kursbuchstrecke 440

Anbieter Abellio

Fahrzeuge 140, 145, 151, 152, 185, 189, 294, 295, Flirt (Stadler) Lok priv. EVU

Streckenlänge 152 km

Highlights Mehrere Tunnel, Schiebedienst ab Altenhundem

fach die Flussseite. Zur Umgehung weit auslandender Gebirgssporne wurden seinerzeit mehrere Tunnel realisiert. In Elverlingsen befindet sich ein Kohlekraftwerk, dem der Brennstoff über ein Anschlussgleis in Ganzzügen zugestellt wird. Über Werdohl und Plettenberg geht es nach Finnentrop, wo die Nebenbahn nach Olpe abzweigt. Hier befindet sich ein Standort der ThyssenKrupp Steel AG mit erheblichem Frachtaufkommen. In Lennestadt-Grevenbrück sorgt ein Kalkwerk mit eigener Werklok für weiteren Güterverkehr, bevor Lennestadt-Meggen erreicht wird. Hier befand sich einst ein großes Schwefelkies- und Schwerspatbergwerk, das bis 1992 für erheblichen Güterverkehr sorgte. Heute erinnert am Berghang ein restauriertes Fördergerüst mit kleinem Museum an diese Zeit.

Von Lennestadt-Altenhundem aus werden schwere Güterzüge auf der Steigung nach Welschen-Ennest nach wie vor nachgeschoben. Zu diesem Zweck wird in Altenhundem stets eine Lok bereitgehalten. Das ist übrigens einer der Gründe, warum der schwere Güterverkehr das Lennetal nach Möglichkeit meidet. Hinter Welschen-Ennest folgt der 698 m lange Rahrbacher Scheiteltunnel. Danach geht es bis Kreuztal wieder bergab. Kreuztal hat für den Güterverkehr Bedeutung, mehrere Züge gehen täglich auf die hier abzweigende Nebenbahn nach Erndtebrück über. Vom örtlichen Güterbahnhof aus wird zudem ein großer Teil der Versorgung des Elektrostahlwerks im nachfolgenden Hüttental-Geisweid durchgeführt, das über mehrere eigene Werkloks verfügt. Der Betrieb ist einer der letzten bedeutenden Montanstandorte im Siegerland.

Bis zum Siegener Hauptbahnhof ist es nun nicht mehr weit. Zuvor jedoch zweigt in Siegen-Weidenau die Dillstrecke ab, die vor allem für den Güterverkehr ins Rhein-Main-Gebiet von Bedeutung ist.

Landschaftlich reizvolles Lennetal bei Benolpe im Herbst 2011

Entlang der Strecke findet man zahlreiche Brücken, so auch nahe des Industriegebiets in Biggen.

FINNENTROP–OLPE
BIGGESEE-EXPRESS

Von besonderem landschaftlichen Reiz ist die Nebenbahn nach Olpe, die früher über Freudenberg bis ins Siegtal nach Kirchen führte. Von Finnentrop ausgehend windet sie sich zunächst durch das bewaldete Biggetal und erreicht den Ahauser Stausee. In diesem Bereich gibt es eine Reihe schöner Fotomotive, auch wenn sich der Streckenbewuchs hier und da mitunter als störend erweist. In Attendorn, wenige Kilometer weiter, findet man den letzten verbliebenen Bahnhof mit Nebengleisen, der allerdings nur noch als Kreuzungsbahnhof für Reisezüge genutzt wird. Güterverkehr findet auf der Nebenbahn nicht mehr statt. Hinter Kraghammer wurde die Strecke in den 1960er-Jahren im Zusammenhang mit dem Bau der Biggetalsperre verlegt, erhielt drei neue Tunnel und zwei kombinierte Straße/Schiene-Doppelstockbrücken zur Überquerung von Seitenarmen der Talsperre. Der Eisenbahnfotograf wird hier nicht lange suchen müssen, um ein schönes Fotomotiv zu finden. Kurz vor Olpe überquert die Strecke auf einen Damm den Stausee. Von einer Straßenbrücke aus kann diese landschaftlich sehr schöne Stelle in mehreren Variationen mit der Kamera verewigt werden. Relativ ernüchternd sieht es dagegen im Bahnhof Olpe aus, wo verrottete Bahnsteige und brach liegende Flächen den Reisenden empfangen. Hier besteht dringender Handlungsbedarf.

AUF EINEN BLICK

Kursbuchstrecke 442

Anbieter DB

Fahrzeuge 640

Streckenlänge 24 km

Highlights kombinierte Schienen-Straße-Brücken, Querung des Biggesees bei Olpe

AUF EINEN BLICK

Kursbuchstrecke 443

Anbieter DB

Fahrzeuge 294/295, 648, Lok priv. EVU

Streckenlänge 60 km

Highlights Formsignale an verschiedenen Stationen

SIEGEN–ERNDTEBRÜCK–BAD BERLEBURG

ROTHAAR-BAHN

Die eingleisige Nebenbahn verbindet das dünn besiedelte Wittgensteiner Land mit dem industriereichen Siegtal. Lange Zeit sah es so aus, als würde der Abschnitt Erndtebrück–Bad Berleburg die Jahrtausendwende nicht mehr erleben, doch inzwischen scheint der Bahnbetrieb ebenso wie auf der in Erndtebrück abzweigenden Strecke nach Marburg langfristig gesichert. Möglich wurde dieses u. a. durch die Auflassung aller Bahnhöfe nördlich von Erndtebrück, selbst in Bad Berleburg verblieb lediglich das Streckengleis.

Neben stündlich verkehrenden Regionalbahnen wird der Streckenabschnitt Kreuztal–Erndtebrück auch noch von Güterzügen befahren. Neben DB Schenker Rail ist hier auch die Kreisbahn Siegen-Wittgenstein mit von der Partie auf der sehr steigungsreichen Nebenbahn. Höhepunkt einer Bahnfahrt ist der der Aufstieg ins Rothaargebirge östlich von Hilchenbach. In einem langen, steigungsreichen Bogen geht es zunächst durch den 188 m langen Vormwalder Tunnel in die Gegenrichtung, bevor die Bahn wenig später erneut einen Halbkreis beschreibt, um wieder nach Osten zu führen. Bald darauf folgt der frühere Bahnhof Vormwald, bevor es erneut bergan geht. Nach dem Unterqueren der Landstraße folgen der 270 m lange Schlossbergtunnel und kurz darauf der 213 m lange Kronprinz-Eiche-Tunnel. Wenig später ist das obere Edertal bei Lützel erreicht.

Eine Regionalbahn nach Siegen am Einfahrtsignal von Kredenbach

SIEGEN–DILLENBURG–GIESSEN

DILLSTRECKE

AUF EINEN BLICK

Kursbuchstrecke 445

Anbieter DB, Hessische Landesbahn

Fahrzeuge 140, 145, 151, 152, 185, 189, 294, 295, Flirt (Stadler) Lok priv. EVU

Streckenlänge 73 km

Highlights Talbrücken und Tunnel

Die zweigleisige elektrifizierte Hauptbahn wurde erst 1915 durchgehend in Betrieb genommen. Dadurch verkürzte sich die Bahnverbindung zwischen dem Ruhrgebiet und dem Rhein-Main-Gebiet über Hagen–Siegen–Gießen um rund 30 km. Davon profitierten nicht nur die Bahnreisenden, sondern auch der sehr starke Kohlenverkehr. Erkauft werden musste die Beschleunigung des Bahnverkehrs durch eine anspruchsvolle Streckenführung mit zahlreichen Ingenieurbauwerken und aufwändigen Erd- und Felsarbeiten. Neben dem 2.652 km langen Rudersdorfer Tunnel und zwei weiteren jedoch deutlich kürzeren bei Siegen mussten zwei große Talbrücken errichtet werden. Zwischen dem Bahnhof Haiger und der im Ruderdorfer Tunnel verlaufenden Landegrenze Hessen/NRW ist die Strecke inzwischen als Kulturdenkmal nach dem hessischen Denkmalschutzgesetzt anerkannt.

Die Dillstrecke ist eine Gebirgsbahn, deren Trasse vielfach in Hanglage verläuft. Neben den beiden Viadukten findet der Eisenbahnfotograf schöne Landschaftsblicke, etwa von einem Hang oberhalb von Niederdielfen, bei Anzhäusermühle, vom Nordhang des Hammerberges bei Dillenburg (Schutzhütte) oder im Bereich des Rudersdorfer Tunnels. Freunde altehrwürdiger Industriekulissen kommen in Wetzlar bei den Buderuswerken auf ihre Kosten.

Ein Besuch der Dillstrecke lohnt sich vor allem immer dann, wenn auf einer der beiden Rheinstrecken größere Baumaßnahmen anstehen. In solchen Fällen werden zahlreiche Güterzüge oft wochenlang über Sieg- und Dillstrecke umgeleitet, während es ansonsten im Güterverkehr zwischen Siegen und Gießen eher beschaulich zugeht.

OBERHAUSEN–DUISBURG-RUHRORT

Nach Verlassen des Oberhausener Hauptbahnhofs fährt man auf zunächst eingleisiger Strecke durch ein Wohngebiet. Anschließend wird die von starkem Güterverkehr belegte Verbindung von Oberhausen nach Duisburg unterquert. Nur wenige Meter weiter kommen von Norden die beiden Streckengleise der nur im Güterverkehr betriebenen Strecke aus Oberhausen nach Moers hinzu. Der folgende Haltepunkt, Duisburg-Obermeiderich Ost ist ab dem frühen Nachmittag ein lohnendes Fotomotiv. Vom Bahnsteig aus hat man freien Blick auf eine alte Stahlgitterbrücke, die über den Rhein-Herne-Kanal führt. Sowohl die Züge der Güterbahn als auch die Reisezüge kann man recht gut beim Verlassen dieser Brücke aufnehmen. In Duisburg-Meiderich Süd trennt sich die Ruhrorter Strecke von der Güterbahn. Früher befanden sich in diesem Bereich zahlreiche Güterverkehrsanlagen entlang der Bahn. Heute gibt es hier keinen Güterverkehr mehr. Nördlich der Gleise erstrecken sich die Anlagen des Stahlwerks Ruhrort. Diese sind an das Werkbahnnetz der Duisburger Eisenbahn & Häfen GmbH angeschlossen, dessen Gleise in unmittelbarer Nähe der Ruhrorter Bahn verlaufen. Die große Brachfläche des früheren Bahnhofs Ruhrort wurde mittlerweile mit einem Supermarkt überbaut, das völlig heruntergekommene Empfangsgebäude abgerissen. Wer dieser Strecke einen Besuch abstatten will, der wird bald feststellen, dass Fotopunkte rar sind. Man findet sie am ehesten im Bereich der Bahnsteige.

AUF EINEN BLICK

Kursbuchstrecke 447

Anbieter DB

Fahrzeuge Lint 41 (Alstom)

Streckenlänge 9 km

Highlights Überquerung des Rhein-Herne-Kanals bei Meiderich Ost

Die Stahlgitterbrücke über den Rhein-Herne-Kanal in Meiderich Ost

DUISBURG–DUISBURG ENTENFANG

AUF EINEN BLICK

Kursbuchstrecke 449

Anbieter DB

Fahrzeuge 140, 145, 151, 152, 185, 189, 225, 232, 294/295, 425, Lok priv. EVU

Streckenlänge 7 km

Highlights Bahnhof Duisburg-Wedau

Der Bahnsteigbereich in Duisburg-Wedau ist ein beliebter Fotostandpunkt bei Eisenbahnfreunden

Eine der kürzesten Kursbuchstrecken des Ruhrgebiets finden wir im Raum Duisburg. Die Strecke vom Duisburger Hbf nach Entenfang beschreibt lediglich einen großen S-förmigen Bogen, besteht aber zusätzlich aus mehreren Verbindungsstrecken, die sonst nur vom Güterverkehr genutzt werden. Vom Duisburger Hauptbahnhof fährt man zunächst in südlicher Richtung entlang der Strecke nach Krefeld, unterquert die zweigleisige Güterbahn Oberhausen–Krefeld und erreicht wenig später die etwas weiter östlich verlaufende Güterzugstrecke Oberhausen–Düsseldorf. Entlang der Brachflächen des früheren Güterbahnhofs folgen die Stationen Wedau, Bissigheim und Entenfang. Der Endpunkt liegt an der Güterstrecke nach Düsseldorf, am Rande des Erholungsgebiets „Sechs-Seen-Platte".

S-BAHNNETZ RHEIN-RUHR

AUF EINEN BLICK

Kursbuchstrecke 450

Anbieter DB, Regiobahn GmbH

Fahrzeuge 143, 422, 423, Talent (Talbot) nur auf der Linie S 28

Streckenlänge 676 km

Highlights Landschaftlich schön sind Abschnitte S3, S9 und S 28

In der Rhein-Ruhr Region befindet sich das größte S-Bahnnetz Deutschlands. Das Erscheinungsbild ist vielfältig, ebenso die Geschichte der einzelnen Strecken. Neben Neubauabschnitten findet man im 19. Jahrhundert gebaute Strecken und auch für den S-Bahn-Betrieb ertüchtigte Reststücke von Zechenbahnen.

Während einige Linien, wie die S 1 Dortmund–Solingen, schwerpunktmäßig die Ballungsräume erschließen, führen andere, wie die S 9 Haltern–Wuppertal, in weiten Bereichen durch ländlich geprägte Räume. Die S 4 Dortmund–Unna wiederum nutzt die Trasse einer bis zum Ende des Zweiten Weltkriegs vielbefahrenen Hauptbahn, die früher über Unna hinaus nach Welver führte und dort an die Strecke Hamm–Paderborn (–Mitteldeutschland) anschloss. Vielerorts haben neue Gleisverbindungen frühere Trassen ergänzt oder auch ersetzt.

Eingesetzt werden heute vorwiegend neue Triebwagen der Baureihe 422, im Raum Köln auch die Baureihe 423. Lokbespannte Einheiten mit der Baureihe 143 und x-Wagen sind inzwischen selten geworden. Sie sind fast nur noch auf den Linien S-6 und S-68 unterwegs. Eine Besonderheit bildet die S-28, auf der Talent-Triebwagen der Regiobahn zwischen Kaarst und Mettmann verkehren. Die Ausdehnung des S-Bahnnetzes an Rhein und Ruhr wird sich auch in Zukunft fortsetzen. So plant man beispielsweise die Verlängerung der S-4, über Lütgendortmund hinaus nach Norden, um Anschluss an die Emschertalbahn im Bahnhof Dortmund-Bövinghausen zu erhalten.

STRECKEN DES S-BAHN-NETZES RHEIN-RUHR:

S 1	Solingen Hbf–Düsseldorf Hbf–Düsseldorf-Flughafen–Essen–Bochum Hbf–Dortmund Hbf
S 2	Duisburg Hbf/Essen Hbf–Gelsenkirchen Hbf–Wanne-Eickel Hbf/Recklinghausen–Herne–Dortmund Hbf
S 3	Oberhausen Hbf–Mülheim Hbf–Essen Hbf–Hattingen Mitte
S 4	Dortmund-Lütgendortmund–Unna-Königsborn–Unna
S 5	Dortmund Hbf–Witten Hbf–Wetter (Ruhr)–Hagen (Westf) Hbf
S 6	Köln-Nippes–Köln Hbf–Langenfeld–Düsseldorf Hbf–Ratingen Ost–Essen Hbf
S 8	Mönchengladbach–Düsseldorf–Wuppertal–Hagen (Westf)
S 9	Haltern am See–Bottrop Hbf–Essen Hbf–Verbert-Langenberg–Wuppertal Hbf
S 11	Düsseldorf Flughafen Terminal–Düsseldorf Hbf–Neuss Hbf–Köln Hbf –Bergisch Gladbach
S 12	Düren–Horrem–Köln Hbf–Troisdorf–Siegburg–Au
S 13	Horrem–Köln Hbf–Köln/Bonn–Troisdorf
S 28	Kaarst–Neuss Hbf–Düsseldorf Hbf–Mettmann/Solingen
S 68	Wuppertal-Vohwinkel–Düsseldorf–Langenfeld (Rheinl)

Moderner S-Bahnverkehr in Bottrop

KÖLN–WUPPERTAL–HAGEN/(DORTMUND)–HAMM (–MÜNSTER)

AUF EINEN BLICK

Kursbuchstrecke 455

Anbieter DB, eurobahn

Fahrzeuge 101, 120, 111, 140, 145, 151, 152, 185, 189, 225, 232, 294, 295, 402, 422, 425, Flirt (Stadler), Lok priv. EVU

Streckenlänge 157 km

Highlights verschiedene Brücken um den Wuppertaler Hauptbahnhof, Sonnborner Brücke mit Schwebebahn

Die Strecke beginnt im Kölner Hauptbahnhof. Über Hohenzollernbrücke, Bahnhof Köln-Messe/Deutz und Köln-Mülheim geht es zunächst nach Opladen. Es folgt ein recht dicht besiedeltes Gebiet bis hinter Leichlingen (Rheinland), bevor der Solinger Hauptbahnhof erreicht ist. In östlicher Richtung zweigt die nicht elektrifizierte über die bekannte Müngstener Brücke führende Strecke nach Wuppertal ab, während die S 1 über Hilden nach Düsseldorf nach Unterquerung der Strecke Köln–Hamm nach Westen führt. Im weiteren Streckenverlauf folgt der Bahnhof Gruiten, wo wir auf die aus Düsseldorf kommende und über die Steilrampe Erkrath-Hochdahl geführte Hauptbahn treffen. Nach einigen Gleisüberwerfungen geht es nun fünfgleisig in Richtung Wuppertal. Im Wuppertaler Ortsteil Vohwinkel zweigt die S 9 nach Essen bzw. Haltern ab. Nun beginnt ein sehr dicht besiedeltes Gebiet mit einigen schönen Fotomotiven. Nahe Wuppertal-Sonnborn ist die Sonnborner Brücke ein lohnendes Motiv, wo Eisenbahn und Wuppertaler Schwebebahn gemeinsam fotografiert werden können. Weiter geht es über Wuppertal-Elberfeld und den Hauptbahnhof in östliche Richtung durch ein von Häuserzeilen geprägtes dicht besiedeltes Tal. Erst hinter Schwelm wird es ein wenig grüner. Kurz vor Ennepetal lädt eine markante Felswand hinter den Gleisen zu einem Foto ein.

Im Eisenbahnknoten Hagen (Westf) bestehen Verbindungen u. a. ins mittlere Ruhrgebiet und ins Lennetal. „Geradeaus" geht es Richtung Hamm zunächst entlang des Hengsteysees und weiter nach Schwerte. Dieser Bahnhof ist noch immer für den Güterverkehr ein wichtiger Standort. Mehrere aufkommensstarke Unternehmen sind hier bzw. in der näheren Umgebung an das Eisenbahnnetz angeschlossen, und auch über die Obere Ruhrtalbahn erreicht bzw. verlässt noch so mancher Güterzug den Bahnhof Schwerte. Weiter nördlich fädelt die zweigleisige nicht elektrifizierte Hauptbahn nach Dortmund aus. Es folgte der 854 m lange Ostberger Tunnel. Hinter dem Tunnel wird Holzwickede erreicht, der „Hausbahnhof" des Dortmunder Flughafens. Hier zweigt die Strecke über Dortmund-Hörde nach Dortmund Hbf ab. Auch in Unna, dem nächsten Bahnhof, bestehen Umsteigemöglichkeiten. Neben den eingleisigen Verbindungen nach Unna-Königsborn und Fröndenberg beginnt hier die zweigleisige, elektrifizierte Strecke nach Soest bzw. Paderborn.

Der Bahnhof selbst ist wenig attraktiv, dafür ist der nun folgende

Im Umfeld des Wuppertaler Hauptbahnhofs findet man manches schöne Motiv

Streckenabschnitt ganz interessant. Reste einer Brücke erinnern nördlich von Unna an die einstige Fernstrecke von Dortmund Süd über Welver nach Paderborn (–Mitteldeutschland), die noch bis Unna-Königsborn für den S-Bahnverkehr genutzt wird. In Bönen-Altenbögge ist linkerhand der unter Denkmalschutz stehende Förderturm der früheren Zeche Königsborn 3/4 zu sehen. Die letzten Kilometer bis Hamm führen durch größere Gewerbegebiete mit mehreren Gleisanschlüssen. Unmittelbar hinter der Autobahn zweigt die Güterbahn in den Hammer Rangierbahnhof ab, dem der bereits unter der Kursbuchstrecke 415.2 beschriebene Hauptbahnhof folgt.

SOLINGEN–REMSCHEID–WUPPERTAL
DER MÜNGSTENER

Eine der bekanntesten Bahnstrecken des Bergischen Landes ist die nicht elektrifizierte zweigleisige Strecke von Solingen nach Wuppertal-Oberbarmen mit der berühmten Müngstener Brücke, der höchsten Eisenbahnbrücke Deutschlands. Ihr schlechter Bauzustand hat in der Vergangenheit immer wieder für Streckensperrungen gesorgt, doch eine gründliche Sanierung steht nun endlich bevor. Die Anschlussbedienung in Remscheid erfolgt schon seit längerer Zeit von Wuppertal aus, denn derzeit dürfen nur leichte Triebwagen über die Brücke fahren. Nach der Instandsetzung sollen auch wieder Güterzüge und mit Dampflokomotiven bespannte Sonderzüge das markante Bauwerk befahren dürfen. Neben der Brücke gibt es zahlreiche weitere Fotopunkte, die den Besuch lohnen. Dazu gehört auf jeden Fall der südliche Voreinschnitt des aus drei Röhren bestehenden Rauenthaler Tunnels in Wuppertal, von denen allerdings nur noch zwei mit Gleisen versehen sind. Den Verkehr führt aktuell die DB mit der Baureihe 628 durch, ab Dezember 2013 wird Abellio Rail NRW die Strecke mit Triebwagen vom Typ LINT 41 bedienen.

Die alljährlichen Müngstener Brückenfeste bringen so manchen interessanten Sonderzug auf die Strecke, so wie diesen mit zwei Lokomotiven der preußischen Gattung P 8 bespannten in Remscheid-Güldenwerth

AUF EINEN BLICK

Kursbuchstrecke 458
Anbieter DB
Fahrzeuge 628, 294
Streckenlänge 42 km
Highlights Müngstener Brücke, Rauenthaler Tunnel

AUF EINEN BLICK

Kursbuchstrecke 459

Anbieter DB

Fahrzeuge 644, 294/295

Streckenlänge 67 km

Highlights Viadukt bei Agger, Parallelverlauf zur Agger bei Loope, Eisenbahnmuseum Dieringhausen

KÖLN–OVERATH–GUMMERSBACH–MARIENHEIDE
OBERBERGISCHE BAHN/AGGERTALBAHN

Erst 1910 wurde mehrere, teils wesentlich ältere Bahnlinien zur heutigen Kursbuchstrecke Köln–Dieringhausen–Marienheide zusammengefasst. Sie bildet mehr oder weniger die Verlängerung der Volmetalbahn Hagen (Westf)–Brügge–Dieringhausen, die derzeit lediglich noch bis Brügge von Reisezügen befahren wird. Ende 2013 wird der Reisezugverkehr zwischen Marienheide und Meinerzhagen wieder aufgenommen, während der geplante Lückenschluss Brügge–Meinerzhagen noch nicht konkret terminiert wurde.

Die Aggertalbahn bietet viele landschaftliche Höhepunkte. Auf den ersten Kilometern ab Köln verläuft sie zunächst durch stark besiedeltes Gebiet, bevor es ab Hoffnungsthal deutlich ländlicher wird und die Bahn östlich des 1.087 m langen Hoffnungsthaler Tunnels das landschaftlich schöne Aggertal erreicht. Gute Fotomotive findet man vor allem im Bereich um Loope. In Dieringhausen besteht die Möglichkeit zu einem Besuch des dortigen Eisenbahnmuseums auf dem Areal des früheren Bahnbetriebswerks. Nördlich von Gummersbach ist abschnittsweise noch eine alte Telefonfreileitung mit Doppelmasten vorhanden, die aber nicht mehr benutzt wird. In diesem Bereich ruhte der Reisezugverkehr vorübergehend von 1985 bis 2003.

Regionalbahn zwischen Gummersbach und Marienheide

KÖLN–AU–BETZDORF–SIEGEN
SIEGSTRECKE

AUF EINEN BLICK

Kursbuchstrecke 460

Anbieter DB

Fahrzeuge 111, 140, 143, 140, 145, 151, 152, 185, 189, 294, 295, 423, Lok priv. EVU

Streckenlänge 101 km

Highlights zahlreiche fotogene Siegbrücken, Eisenbahmuseum im Bw Siegen

Die in Ost-West-Richtung verlaufende Siegstrecke war einst für die Erzgruben und die eisenverarbeitende Industrie des Siegtals von großer Bedeutung. Die Strecke ist windungsreich trassiert und es werden mehrere Tunnel und zahlreiche Brücken im Streckenverlauf passiert. Zwischen Köln und Au (Sieg) fährt die S 12, deren Verlängerung bis Siegen die Regionalbahnlinie 59 bildet. Durchgängig verkehren lediglich Regionalexpresszüge (RE 9) mit dem Laufweg Aachen–Dillenburg. Fernreiseverkehr besteht nicht mehr, dafür verkehren einige Güterzüge. Zwei kurze eingleisige Abschnitte östlich von Blankenberg und östlich von Schladern verringern die Durchlässigkeit der Strecke.

Vom Kölner Hauptbahnhof aus verläuft die Strecke zunächst durch dicht besiedeltes Gebiet und wird von der Neubaustrecke nach Frankfurt (Main) begleitet. In Troisdorf zweigt die rechte Rheinstrecke nach Koblenz ab, während sich in Siegburg die Neubaustrecke ins Rhein-

Main-Gebiet von der Siegstrecke trennt. Hinter Hennef erfolgt der Übergang in eine ländliche Region mit interessanten Fotomöglichkeiten. Leider behindert immer wieder der starke Bewuchs beiderseits der Bahn die freie Sicht. Weitgehend davon befreit sind die zahlreichen Brücken über die Sieg. Die landschaftlich schönsten Abschnitte findet man zwischen Blankenberg und Eitorf sowie rund um Wissen. Die Bahnhöfe sind bis Au relativ modern ausgestattet (S-Bahnbetrieb) und daher nicht besonders fotogen. Einen Besuch wert ist allemal das Bahnbetriebswerk Siegen, das heute als Museum und Unterstellmöglichkeit für zahlreiche historische Fahrzeuge genutzt wird.

Eine der zahlreichen fotogenen Brücken über die Sieg befindet sich bei Schladern

MÖNCHENGLADBACH–KÖLN–TROISDORF–NEUWIED–KOBLENZ

RECHTE RHEINSTRECKE

AUF EINEN BLICK

Kursbuchstrecke 465

Anbieter DB

Fahrzeuge 101, 111, 140, 143, 145, 151, 152, 185, 189, 294, 295, 425, SBB Re 482, SNCF 437000, Lok priv. EVU

Streckenlänge 159 km

Highlights Rheintal südlich von Königswinter

Die heute als Kursbuchstrecke 465 bezeichnete Bahnlinie von Mönchengladbach nach Koblenz verläuft durch zwei völlig unterschiedliche Landschaften. Von Mönchengladbach bis Köln wird das flache, dicht besiedelte Rheinland durchfahren. In Köln gelangt die Strecke auf die rechte Rheinseite und führt ab Troisdorf auf eigener Trasse durch das Rheintal. Dieser Abschnitt ist vor allem südlich von Königswinter wesentlich fotogener als der Streckenteil nördlich von Köln. Auch ist hier die Zugdichte, vor allem wegen des starken Güterverkehrs, wesentlich höher. Besonders vormittags eigenen sich die Hänge der Weinberge als idealer Standort für den Eisenbahnfotografen. Bei Erpel können die alten Türme der Brücke von Remagen zusammen mit einem Zug in Szene gesetzt werden. In Linz, wo die Steilstrecke nach Kalenborn abzweigt, bildet ein Kreisverkehr mit Springbrunnen in der Mitte einen nicht alltäglichen Vordergrund für ein Eisenbahnfoto. Weniger fotogen hingegen ist das dicht besiedelte Gebiet um Neuwied, wo über eine zweigleisige über die Urmitzer Rheinbrücke führende Verbindungsstrecke die andere Rheinseite erreicht werden kann. Ab Vallendar folgt erneut ein landschaftlich schöner Abschnitt mit einigen historischen Bauwerken im Hintergrund, bevor sich hinter Koblenz-Ehrenbreitstein die Gleise nach Koblenz und Niederlahnstein trennen.

Im Koblenzer Hauptbahn herrscht zu allen Tageszeiten ein reger Betrieb

Von manchen Stationen der Vorgebirgsbahn, wie hier in Brühl-Vochem, kann reger Güterverkehr der HGK beobachtet werden

STADTBAHNEN KÖLN/BONN

Diese beiden in weiten Abschnitten als öffentliche Eisenbahn konzessionierten Stadtbahnlinien gehen auf die Köln-Bonner Eisenbahn (KBE) zurück. Schon sehr früh hielt die Elektrifizierung Einzug, die Rheinuferbahn von Köln-Ubierring nach Bonn Hbf U war sogar von Anfang an elektrisch. Auf der Vorgebirgsbahn von Köln Barbarossaplatz nach Bonn Hbf wurde der Stadtbahnbetrieb 1978 aufgenommen, auf der Rheinuferbahn 1985/1986. Es verkehren heute verschiedene Generationen von Stadtbahnwagen des Typs B, sowohl der Kölner Verkehrsbetriebe (KVB) wie auch der Stadtwerke Bonn (SWB). Ergänzt wird die Fahrzeugflotte durch neue Bombardier K5000-FlexitySwift Stadtbahnwagen. An mehreren Stellen, wie beispielsweise in Brühl-Vochem bestehen Verknüpfungen zum Güterverkehrsnetz der Häfen und Güterverkehr Köln AG (HGK). Die HGK unterhält hier auch ihre zentralen Werkstätten, bei denen immer eine breite Palette verschiedener Triebfahrzeuge angetroffen werden kann. Das Unternehmen betreibt zudem einen großen Teil der Infrastruktur der Vorgebirgsbahn, lediglich in den städtischen Endbereichen gehört diese zur KVB bzw. SWB. Besonders die Vorgebirgsbahn ist in ihrem Mittelteil ländlich trassiert und hat wegen der dort eingesetzten Fahrzeuge den Charakter einer Überlandstraßenbahn. Aber auch die Rheinuferbahn hat zwischen Wesseling Süd und Hersel einen Abschnitt, der durch landwirtschaftlich genutzte Flächen verläuft. Sie ist jedoch stärker von Wohnbebauung und Industriebetrieben, hier vor allem denen der chemischen Branche, geprägt. In ihrem mittleren Abschnitt ist die Rheinuferbahn als öffentliche Eisenbahn konzessioniert, während die Endstücke als Stadtbahnen geführt werden. Die 1905/1906 eröffnete Strecke wurde wegen des starken Andrangs an Reisenden bereits 1908 als Hauptbahn konzessioniert. Entlang von Teilabschnitten beider Bahnlinien kann reger Güterverkehr beobachtet werden. Dieser wird zumeist durch die HGK durchgeführt, die zahlreiche größere örtliche aufkommensstarke Industriebetriebe bedienen.

AUF EINEN BLICK

Kursbuchstrecke 473.1 Köln Ubierring - Bonn Hbf Rheinuferbahn); KBS 473.2 Köln Barbarossaplatz - Bonn Hbf (Vorgebirgsbahn)

Anbieter Kölner Verkehrsbetriebe (KVB), Stadtwerke Bonn (SWB)

Fahrzeuge Stadtbahnwagen Typ B, Bombardier-K5000-FlexitySwift

Streckenlänge 27 km (Rheinuferbahn KBS 473.1) und 32 km; (Vorgebirgsbahn KBS 473.2)

KÖLN–EUSKIRCHEN–GEROLSTEIN–TRIER
EIFELSTRECKE

Die früher durchgehend zweigleisige Eifelstrecke war einst eine wichtige Eisenbahnverbindung zwischen den Rhein-Ruhr-Raum und dem Saarland bzw. Frankreich. Doch mit dem Bau der topografisch günstigeren Moselstrecke änderten sich die Verhältnisse und der überregionale Personen- und Güterverkehr wanderte ins Rhein- und Moseltal ab. Einen weiteren Bedeutungsverlust musste die Eilfelstrecke nach 1945 mit dem teilweisen Rückbau auf nur noch ein Gleis hinnehmen.

Heute bestimmt weitgehend der Regionalverkehr das Geschehen, der aus durchgehenden Regionalexpresszügen Köln–Trier und auf Teilstrecken verkehrenden Regionalbahnen besteht. Angeboten werden stündliche Zugfahrten über die Gesamtstrecke mit weiteren Zügen zwischen Köln und Euskirchen bzw. Kall sowie zwischen Trier und Gerolstein. Güterverkehr findet regelmäßig nur noch zwischen Köln und Mechernich statt. Gelegentlich wird von Köln aus mit einem Güterzug auch Gerolstein erreicht.

Die Strecke zählt zweifellos zu den schönsten Westdeutschlands, auch wenn von den früher so beschaulichen Bahnhöfen nicht viel übrig geblieben ist und vielerorts dichter Bewuchs die freie Sicht auf die Bahn behindert. Schöne Motive findet der Eisenbahnfotograf besonders im Abschnitt Euskirchen–Gerolstein, wo größtenteils auch noch das zweite Gleis vorhanden ist. Rechts und links der Bahn besteht ein dichtes Netz aus Wanderwegen, die auch an Stellen heranführen, die sonst nicht so ohne Weiteres zu erreichen sind. Zu den besonderen Erlebnissen zählt eine Bahnfahrt durch die malerische Eifel, vor allem dann, wenn das Land in den Wintermonaten mit einer hohen Schneedecke überzogen ist.

AUF EINEN BLICK

Kursbuchstrecke 474

Anbieter DB

Fahrzeuge 294, 612, 628, 644, Lok priv. EVU

Streckenlänge 182 km

Highlights Schöne Streckenführung zwischen Euskirchen und Gerolstein, Museum Bw Gerolstein

Regionalbahn nach Gerolstein kurz vor dem Bahnhof Blankenheim

AUF EINEN BLICK

Kursbuchstrecke 475

Anbieter DB

Fahrzeuge 294, 644

Streckenlänge 48 km

Highlights Bahnhof Kottenforst

BONN–EUSKIRCHEN–BAD MÜNSTEREIFEL

VOREIFELBAHN/ERFTTALBAHN

Die heutige Kursbuchstrecke 475 besteht aus der teilweise zweigleisigen Hauptbahn Euskirchen–Bonn und der Nebenbahn Euskirchen–Bad Münstereifel. Die Bonner Strecke führt durch ein flaches bis leicht hügeliges Umfeld mit einigen größeren Waldgebieten. Sie war früher für die Tongewinnung in der Region von Bedeutung, die teilweise sogar im Tiefbau durchgeführt wurde. Aber auch der Verkehr mit Braunkohle war zeitweise bedeutend. Heute spielt Güterverkehr nur noch eine untergeordnete Rolle, dafür kommt der Hauptbahn eine wichtige Rolle im Reisezugverkehr zu, der von einem starken Pendlerverkehr geprägt ist. Das herausragende Fotomotiv dieser Strecke ist der Bahnhof Meckenheim-Kottenforst mit seinem imposanten Fachwerk-Empfangsgebäude, das auch als Modellbausatz erhältlich ist. Die Formsignale wurden jedoch vor einiger Zeit durch moderne Sicherungstechnik ersetzt. Aber auch auf freier Strecke findet sich so manches schöne Motiv.

Regionalbahn nach Euskirchen im Bahnhof Kottenforst. Die Formsignale sind inzwischen jedoch Geschichte

Zwischen Euskichen und Bad Münstereifel besteht seit Jahren Stichstreckenblock, es wurden alle Bahnhöfe zu Haltestellen unter Verlust aller Weichen und Nebengleise. Mit Ausnahme des Anschlusses der Zuckerfabrik in der Bahnhofsausfahrt von Euskirchen gibt es hier seit 1994 keinen Güterverkehr. Brauchbare Fotopunkte findet man am ehesten in der freien Landschaft.

KÖLN–DÜREN–AACHEN

AUF EINEN BLICK

Kursbuchstrecke 480

Anbieter DB

Fahrzeuge 101, 111, 120, 145, 146, 151, 152, 185, 189, 294/295, 403, 425, Lok priv. EVU und belgischer Staatsbahn

Streckenlänge 71 km

Die bereits in den Anfangsjahren der Eisenbahn in Deutschland gebaute Strecke hat sich in den vergangenen Jahren stark verändert. Der Abschnitt Köln–Düren wurde bis 2003 zur Schnellfahrstrecke ausgebaut und erhielt zusätzliche Streckengleise, während auf den bestehenden der S-Bahnbetrieb aufgenommen wurde. Erreicht werden Geschwindigkeiten bis zu 250 km/h im Mischbetrieb mit zahlreichen Regionalverkehrs- und Güterzügen. Der Güterverkehr lässt sich wegen der Profilbegrenzungen im Bahnsteigbereich nicht auf die teilweise nur im Stundentakt befahrenen S-Bahn-Gleise verlegen.

Landschaftliche Höhepunkte bietet der östliche Streckenteil kaum, in Höhe Buir verläuft die Bahn neben der umtrassierten Autobahn A4 und der neuen Hambachbahn des Braunkohlereviers der RWE. In wenigen Jahren wird sich der Tagebau Hambach bis nahe an die Bahn herangefressen haben. Westlich von Düren ist die Strecke zweigleisig und nur zum Teil ausgebaut. Zwar ist hier das landschaftliche Umfeld attraktiver, dafür aber auch der Bewuchs stärker. Es werden drei Tunnel durchfahren, zwei bei Eilendorf und einer bei Eschweiler. Sehenswert ist der mächtige Burtscheider Viadukt im Stadtbereich von Aachen

Einfahrt eines Zuges der Regionalexpresslinie 9 in den Kölner Hauptbahnhof

(KÖLN–) HORREM–BEDBURG–GREVENBROICH–NEUSS–DÜSSELDORF

ERFTBAHN

Die „Erftbahn" besteht in ihrer heutigen Form aus zwei zuvor eigenständigen Strecken, die durch den Braunkohlenbergbau miteinander verschmolzen wurden. Die ursprüngliche Trasse führte von Neuss über Grevenbroich und Bedburg nach Düren. Zur weiteren Erschließung der Region hatte die Bergheimer Kreisbahn als Teil eines größeren Meterspurnetzes eine Strecke von Bedburg nach Horrem in Betrieb in Betrieb genommen, die 1903/04 wegen des hohen Güteraufkommens (vornehmlich Braunkohle) auf Normalspur umgebaut und 1913 verstaatlicht wurde.

Dem sich ausdehnenden Tagebau Hambach war Anfang der 1990er-Jahre der Abschnitt Bedburg–Düren der Erftbahn im Wege, so dass dieser Streckenabschnitt 1995 stillgelegt und abgebaut wurde. Die teilweise zweigleisige Strecke dient heute hauptsächlich dem Reiseverkehr. Der Güterverkehr beschränkt sich im Wesentlichen auf das Aluminium verarbeitende Martinswerk bei Quadrath-Ichendorf. Als Entschädigung für den vom Braunkohlenbergbau beanspruchten Streckenabschnitt ließ die RWE den Abschnitt vom Martinswerk bei Qudrath-Ichendorf nach Horrem elektrifizieren. Die Elektrifizierung wurde inzwischen allerdings wieder entfernt, die Masten jedoch stehengelassen. Für Fotografen ist die Strecke wegen des dichten Bewuchses teilweise nur schwer zu fotografieren. Nahe Holzheim findet man einen schönen Abschnitt, ebenso bei Bergheim und Glesch.

AUF EINEN BLICK

Kursbuchstrecke 481

Anbieter DB

Fahrzeuge 294/295, 628, 643, Lok priv. EVU

Streckenlänge 71 km

Frei von Bewuchs, wie der hier bei Glesch, ist die Strecke längst nicht überall

HEERLEN/ALSDORF-POSTSTRASSE–HERZOGENRATH–AACHEN–STOLBERG–STOLBERG-ALTSTADT/ESCHWEILER-WEISWEILER–LANGERWEHE–DÜREN

AUF EINEN BLICK

Kursbuchstrecke 482

Anbieter DB

Fahrzeuge 643

Streckenlänge 57 km

Highlights Streckenverlauf am Braunkohlekraftwerk Inden

Unter der Kursbuchstrecke 482 sind mehrere mehr oder weniger voneinander unabhängige Streckenabschnitte zusammengefasst. Die Teilstrecken Stolberg Hbf–Stolberg-Altstadt, Stolberg Hbf–Langenwehe, Herzogenrath–Landgraaf (NL) und Herzogenrath–Alsdorf-Poststraße wurden in den vergangenen Jahren im Rahmen des euregiobahn-Konzepts reaktiviert. Zwischen Weisweiler und Langenwehe entstand sogar eine 2,5 km lange Neubaustrecke, die erste neu gebaute Regionalbahnstrecke in NRW seit 1968. Die Infrastruktur gehört heute der Euregio Verkehrsschienennetz GmbH (EVS). Derzeit arbeitet man an der Streckenreaktivierung zwischen Alsdorf-Poststraße und Stolberg, womit dann die einzelnen Streckenstücke der EVS wieder miteinander verbunden wären.

Für Fotofreunde gibt es in dem ehemaligen Steinkohlenrevier, in dem noch viele Bergehalden vom Bergbau zeugen, durchaus brauchbare Motive. Die erneuerten Streckenstücke sind teilweise relativ frei von Bewuchs, vor allem im Bereich Weisweiler, wo das gewaltige Braunkohlenkraftwerk des Tagebaus Inden in verschiedenen Variationen als Motiv dienen kann. Eingesetzt werden zweiteilige Talent-Triebwagen in charakteristischer euregiobahn-Farbgebung.

Euregiobahn-Talent im Herbst 2012 nahe Weisweiler

Regiosprinter-Doppeleinheit in Krauthausen

DÜREN–JÜLICH–LINNICH

Die frühere Bundesbahnstrecke Düren–Jülich war Anfang der 1990er-Jahre, also noch vor der Bahnreform, eine der ersten, deren Betrieb von einer nichtbundeseigenen Eisenbahn übernommen wurde. In diesem Fall wechselte auch die Infrastruktur ihren Besitzer. Der Dürener Kreisbahn (seit 2002 Rurtalbahn GmbH) gelang es, den stark zurückgegangenen Personenverkehr wieder zu beleben, auch wenn zunächst mit aufgearbeiteten Uerdinger Schienenbussen gefahren werden musste. Erst 1995 standen fabrikneue RegioSprinter zur Verfügung. Auch der Güterverkehr konnte vor der vollständigen Einstellung bewahrt werden.

Während der Abschnitt von Düren nach Jülich durch ziemlich öde wirkendes, landwirtschaftlich intensiv genutztes Gebiet führt, ist die Landschaft nördlich von Jülich abwechslungsreicher und von Baumreihen und kleineren Waldgebieten durchsetzt. Dafür ist die Strecke in oberen Teil deutlich stärker zugewachsen. Früher führte die Strecke über Linnich hinaus weiter bis Baal an der Strecke Aachen–Mönchengladbach. Eine Reaktivierung dieses Abschnitts ist wiederholt diskutiert worden.

AUF EINEN BLICK

Kursbuchstrecke 483
Anbieter Rurtalbahn GmbH
Fahrzeuge Regiosprinter (Siemens-DUEWAG)
Streckenlänge 26 km

Ausflugfahrt mit dem wieder aufgearbeiteten Talbot-Triebwagen der Rurtalbahn bei Hausen Foto: Dieter Lindenblatt

DÜREN–HEIMBACH
RURTALBAHN

Auch bei dieser Nebenbahn handelt es sich um eine frühere Bundesbahnstrecke. Sie war die erste, die durch die damalige Dürener Kreisbahn (DKB) übernommen wurde und für einen symbolischen Preis von 1,- DM im Juni 1992 den Besitzer wechselte. Nachdem der Betrieb ab März 1993 zunächst mit modernisierten Uerdinger Schienenbussen aufgenommen wurde, konnte die Modernisierung der Strecke Stück für Stück vorangetrieben werden. Dass hier der richtige Weg beschritten war, bestätigten alsbald Fahrgaststeigerungen von über 500 Prozent. Inzwischen wurden die seit 1995 hier verkehrenden RegioSprinter teilweise durch hochmoderne RegioShuttle ergänzt. Der Güterverkehr beschränkt sich heute auf den Abschnitt Düren–Lendersdorf.

Lohnende Fotomotive findet man vor allem im südlichen Teil der Strecke rund um Hausen, wo die Bahn windungsreich markante Sandsteinfelsen passiert. Einen Besuch wert ist aber auch der Bahnhof Heimbach.

AUF EINEN BLICK

Kursbuchstrecke 484

Anbieter Rurtalbahn GmbH

Fahrzeuge Regiosprinter (Siemens-DUEWAG), Regio-Shuttle RS 1 (Stadler)

Streckenlänge 30 km

Highlights Sandsteinfelsen bei Hausen

AACHEN/VENLO–MÖNCHENGLADBACH–DÜSSELDORF–HAGEN (WESTF)

Der östliche Teil der Strecke zwischen Wuppertal und Hagen ist bereits unter der Kursbuchnummer 455 beschrieben worden, daher soll das Hauptaugenmerk hier auf dem westlichen Teil gelegt werden. Zwischen Aachen und Mönchengladbach verläuft die Bahn weitgehend durch flaches Land mit wenigen landschaftlichen Höhepunkten. Es verkehren vor allem Reisezüge des Nahverkehrs, nachdem die letzten Fernreisezüge mit der Streichung des Interregio-Verkehrs im Jahr 2001 entfielen. Den Güterverkehr bestimmte viele Jahre lang der Steinkohlebergbau des Aachener Reviers, seitdem verkehren fast nur noch überregionale Güterzüge über Aachen in Richtung Belgien bzw. kommen von dort.

Der Eisenbahnfotograf hat es in dieser teilweise recht eintönigen niederrheinischen Landschaft nicht leicht, ein passendes Motiv zu finden. An ehesten wird man im Tal der Wurm zwischen Herzogenrath und Übach-Palenberg fündig. Fotogen sind dagegen die Bahnhöfe Mönchengladbach und Aachen mit ihren Bahnsteighallen.

Die teilweise eingleisige Teilstrecke Mönchengladbach–Viersen–Venlo (NL) hat mit Eröffnung der niederländischen Betuwe-Linie einen Teil des Güterverkehrs verloren, wird aber nach wie vor von etlichen Reisezügen befahren. Auch hier findet man in der stark landwirtschaftlich orientierten Region nur wenige Fotopunkte. Ein schönes Motiv ist der Wasserturm bei Viersen-Dülken.

Östlich von Mönchengladbach verläuft die Strecke über Neuss (ab hier viergleisig) und Düsseldorf in Richtung Wuppertal. Herausragende Fotomotive sind die Hammer Rheinbrücke sowie die historische Windmühle bei Büttgen. Es verkehren zahlreiche Reisezüge, darunter die S-Bahn. Hinzu kommen verschiedene Güterzüge, doch ist deren Zahl mit Eröffnung der niederländischen Betuwe-Linie zurückgegangen. Östlich von Düsseldorf führt die ab Düsseldorf-Gerresheim noch dreigleisige und nur von Reisezügen befahrene Strecke über die Steilrampe Erkrath–Hochdahl bergab ins Tal der Wupper In der Anfangszeit wurden die in Bergrichtung verkehrenden Züge mit Hilfe einer Seilzuganlage die 33‰-Steigung hochgezogen. Heute dokumentiert ein kleines Eisenbahnmuseum in Hochdahl am Fuß der Steilrampe die interessante Geschichte dieser eisenbahntechnischen Besonderheit.

AUF EINEN BLICK

Kursbuchstrecke 485

Anbieter DB, eurobahn

Fahrzeuge 111, 140, 145, 146, 151, 152, 185, 189, 294, 295, 425, Lok priv. EVU

Streckenlänge 166 km

Highlights Rheinüberquerung, Windmühle bei Büttgen, Museum Hochdahl

Güterzug nach Hagen-Vorhalle bei Ennepetal

MÖNCHENGLADBACH–DAHLHEIM
EISERNER RHEIN

AUF EINEN BLICK

Kursbuchstrecke 487

Anbieter DB

Fahrzeuge 294, Regiosprinter (Siemens-DUEWAG

Streckenlänge 24 km

Highlights Formsignale rund um Rheindahlen

Einst Teil einer bedeutenden Durchgangsstrecke von Deutschland durch die Niederlande nach Belgien, ist der Abschnitt von Mönchengladbach über Rheindahlen und Wegberg nach Dahlheim heute eine verträumte Nebenbahn mit mechanischer Sicherungstechnik. Aus diesem Dornröschenschlaf könnte die Strecke schon bald erwachen, denn inzwischen gibt es konkrete Absichten für eine grenzüberschreitende Reaktivierung, die vor allem dem Güterverkehr dienen soll.

Eisenbahnfotografen sollten der Strecke möglichst bald einen Besuch abstatten, wenn sie den alten Zustand mit der Kamera dokumentieren möchten. Auch wenn nur alle zwei Stunden ein Zug je Richtung fährt, hat die historische Sicherungstechnik und die recht gut erhaltene Bausubstanz in den Bahnhöfen einiges zu bieten. Auch die Landschaft mit ihrer beschaulichen Mischung auch Wiesen, Äckern und Waldgebieten lohnt einen Besuch. Neben RegioSprintern der Rurtalbahn kommen regelmäßig Fahrzeuge auf die Strecke, die das Prüfcenter Wegberg-Wildenrath der Siemens AG Verkehrstechnik (PCW) zum Ziel haben. Die Anlage, die ab 1997 auf einem früheren Militärflugplatz der Royal Air Force errichtet wurde, dient zur Erprobung neuer Schienenfahrzeuge. Sie ist über eine rund 3,5 km lange Anschlussbahn an den „Eisernen Rhein" angeschlossen.

Ein Regiosprinter passiert das westliche Einfahrtsignal von Rheindahlen

AUF EINEN BLICK

Kursbuchstrecke 490

Anbieter DB

Fahrzeuge 111, 140, 145, 146, 151, 152, 185, 189, 294, 425, Lok priv. EVU

Streckenlänge 45 km

Highlights Bayer-Werke in Uerdingen, Hochfelder Rheinbrücke

MÖNCHENGLADBACH–DUISBURG (–ESSEN–DORTMUND)

Diese Strecke teilt sich, wie viele andere in der Region an Rhein und Ruhr auch, den Gleiskörper in mehreren Abschnitten mit anderen Kursbuchstrecken. Ab Mönchengladbach nutzt sie die Trasse mit der zweigleisigen Kursbuchstrecke 485 bis Viersen und führt auf den folgenden Kilometern durch eine relativ eintönige Agrarlandschaft nach Krefeld. Dort trifft sie auf die Hauptbahn nach Kleve. Auf gemeinsamer Trasse wird Krefeld-Oppum errreicht, wo die Hauptbahn nach Neuss abzweigt.

Zwischen Krefeld und Duisburg ist die Strecke zunächst viergleisig mit getrennten Trassen für den Personen- und Güterverkehr. Nachdem die Güterbahn hinter Hohenbudberg einen nördlicheren Verlauf in Richtung Moers genommen hat, erreicht die Duisburger Strecke hinter Rheinhausen Ost die bekannte Hochfelder Rheinbrücke. Kurz darauf ist der Hauptbahnhof von Duisburg erreicht.

Umfangreicher Güterverkehr prägt das Eisenbahngeschehen in Krefeld-Uerdingen

(DÜSSELDORF/KÖLN-) KREFELD–KLEVE

Im Süden hat die Hauptbahn mit den Großstädten Köln und Düsseldorf zwei Ausgangspunkte. Die Verkehrsströme laufen in Neuss zusammen und führen gebündelt nach Krefeld, wo die fahrdrahtlose Strecke nach Kleve beginnt. Bis Geldern geht es durchgehend auf zwei Gleisen durch die ländliche niederrheinische Landschaft. Für Eisenbahnhistoriker ist der Bahnhof Geldern von Interesse. Hier unterquerte einst die Hamburg-Venloer Bahn die Klever Strecke, ebenso sind Dämme und Brücken der nie fertig gestellten Bahn nach Moers-Meerbeck zu sehen. Südlich des Bahnhofs ist in Höhe der Ortschaft Vernum noch eine klassische mechanische Blockstelle in Betrieb und auch ansonsten dominiert noch immer die mechanische Sicherungstechnik.

Nördlich von Geldern ist die Strecke nur noch eingleisig und auch die verbliebenen Bahnhöfe bestehen zumeist nur noch aus wenigen Gleisen. Der einst wichtige überregionale Verkehr in die Niederlande ist schon vor vielen Jahren zum Erliegen gekommen. Seit einiger Zeit gibt es jedoch Bestrebungen, den grenzüberschreitenden Reisezugverkehr wieder aufzunehmen. Güterverkehr derzeit findet lediglich noch bis Kempen statt. Ein Chemieunternehmen erhält regelmäßig einige Kesselwagen in der Woche, die durch die Städtische Eisenbahn Krefeld zugestellt werden. Ansonsten sieht man nur LINT-Triebwagen der NordWestBahn, die zu Spitzenzeiten dreifach gekuppelt unterwegs sind.

AUF EINEN BLICK

Kursbuchstrecke 495

Anbieter NordWestBahn

Fahrzeuge 111, 140, 145, 146, 151, 152, 185, 189, 294, 425, Lint 41 (Alstom). Lok priv. EVU

Streckenlänge 65 km

Highlights Formsignale im gesamten Streckenverlauf

Zug am Einfahrtvorsignal von Weeze

AUF EINEN BLICK

Kursbuchstrecke 498

Anbieter NordWestBahn

Fahrzeuge 111, 140, 145, 146, 151, 152, 185, 189, 294/295, 425, Lint 41 (Alstom) Lok priv. EVU

Streckenlänge 45 km

Highlights Hochfelder Rheinbrücke

Südlich von Moers gibt es regen Güterverkehr, hier in der Bahnhofseinfahrt von Trompet

DUISBURG–MOERS–XANTEN
DER NIEDERRHEINER

Zwischen Duisburg und Rheinhausen nutzen die nach Xanten verkehrenden Züge die Hauptbahn nach Krefeld. Ab Rheinhausen wird eine eigene zweigleisige, elektrifizierte Trasse befahren, die teilweise auch von Güterzügen genutzt wird. Diese fahren zumeist über die Haus-Knipp-Brücke nach Oberhausen bzw. kommen von dort. Von Moers bis Rheinkamp ist die Trasse ebenfalls zweigleisig. Bis Ende 2012 wurde sie u. a. auch von Kohlenzügen des Bergwerks West in Kamp-Lintfort befahren, das über eine zecheneigene Bahn hier angeschlossen war. Der weitere Streckenverlauf ist eingleisig, der Fahrdraht reicht noch bis Millingen, wo die Solvay-Werke anschließen. Auf dem folgenden Abschnitt bis Xanten verkehren lediglich Triebwagen der NordWestBahn. Generell kann gesagt werden, dass die Strecke in ihrem Verlauf von Süden nach Norden landschaftlich immer reizvoller, der Verkehr Richtung Xanten im Gegenzug aber immer weniger wird. Schöne Fotomotive findet man u. a. im Betriebsbahnhof Rheinkamp, der noch mit Formsignalen ausgerüstet ist.

AUF EINEN BLICK

Kursbuchstrecke 11001

Anbieter Bergbahnen im Siebengebirge AG

Fahrzeuge Elektrotriebwagen

Streckenlänge 1,5 km

Internet www.drachenfels-bahn-koenigswinter.de

Highlights Zahnstange

MUSEUMS- UND NOSTALGIEBAHNEN
DRACHENFELSBAHN

Der 321 m hohe Drachenfels im Siebengebirge war schon vor dem Bau der Zahnradbahn ein beliebtes Wanderziel. Deshalb entschloss man sich schon frühzeitig, eine meterspurige Zahnradbahn nach dem System Riggenbach bis zum Berggipfel zu bauen, um den Besuchern den beschwerlichen Aufstieg zu erleichtern. 1883 ging die mit Dampflokomotiven betriebene, 1,5 km lange Strecke in Betrieb, die mit Steigungen bis zu 20 ‰ einen Höhenunterschied von rund 220 m überwindet. Anfang der 1950er-Jahre erfolgte die Elektrifizierung, doch wurden neben den neuen elektrischen Triebwagen zunächst weiterhin Dampflokomotiven eingesetzt. Erst nach einem schweren Unglück im Jahr 1958 wurde der Dampfbetrieb endgültig eingestellt. Lok 2 blieb als Denkmal an der Talstation erhalten.

Entlang der Drachenfelsbahn führt ein schöner, aber steiler Wanderweg.

Planmäßiger Güterzug bei einem kurzen Halt im Bahnhof Burgbrohl

BROHL–OBERZISSEN–ENGELN
BROHLTALBAHN

Die Brohltalbahn ist eine der letzten Meterspurbahnen Westdeutschland und betreibt sogar noch regelmäßigen Güterverkehr. Um 1900 für den Abtransport vulkanischen Gesteins aus der Osteifel ins Rheintal gebaut, dient sie noch heute ähnlichen Zwecken sowie der Beförderung von Touristen. Bei Brenk, eingebettet zwischen den Höhenzügen der Eifel, wird in einem abseits gelegenen Steinbruch Phonolith abgebaut. Das Gestein wird zu Staub gemahlen und in Staubdruckcontainern per Bahn ins Rheintal nach Brohl gefahren, um dort auf Lkw umgeschlagen zu werden.

Wäre es 1992 nicht zur Gründung der Brohltal-Schmalspureisenbahn Betriebs-GmbH gegründet, so wäre die Bahn wohl stillgelegt worden. Das rührige Unternehmen ist nicht nur die treibende Kraft für den Erhalt des Güterverkehrs, sondern war seinerzeit auch maßgeblich an der Einführung von Touristikzügen beteiligt, die heute erfolgreich im Brohltal verkehren. Neben Diesellokomotiven (darunter eine Lok mit Endführerständen, die der Bundesbahn-Baureihe V 160 sehr ähnlich ist) und einem Triebwagen wird schon bald die ehemalige Brohltalbahn-Dampflok 11^{sm} in den aktiven Dienst zurückkehren.

Landschaftlich gesehen hat die Strecke eine Menge zu bieten. Von Brohl aus wird zunächst in steter Steigung ein enges, beschauliches Tal durchfahren. Bedeutendes Bauwerk ist hier der Tönissteiner Viadukt mit dem nachfolgenden 95 m langen Tönissteiner Tunnel. Jenseits von Oberzissen erfolgt der allmähliche Übergang auf die Hochflächen der Osteifel, doch bleibt die Strecke nach wie vor steigungsreich. In Brenk befindet sich die Phonolith-Verladeanlage. Im weiteren Verlauf steigt die Bahn weit abseits jeder Wohnbebauung noch stärker an als zuvor und erreicht den Endbahnhof Engeln. Früher ging es noch weiter bis ins rund sechs Kilometer entfernten Kempenich, doch die Gleise sind längst abgebaut. Erwähnt werden muss auch die kurze Hafenbahn in Brohl am anderen Ende der Bahn.

AUF EINEN BLICK

Kursbuchstrecke 12426

Anbieter Brohltal-Schmalspureisenbahn Betriebs-GmbH,

Fahrzeuge Diesellokomotive

Streckenlänge 18 km

Internet www.vulkan-express.de

Highlights Güterverkehr auf Schmalspurgleisen, Viadukt und Tunnel bei Tönisstein

Der historische Eilzug der Landeseisenbahn Lippe im Extertal bei Barntrup

DÖRENTRUP–BÖSINGFELD
LANDESEISENBAHN LIPPE

Die von der Landeseisenbahn Lippe befahrene Strecke besteht aus dem Südteil der elektrifizierten, heute teilweise stillgelegten Extertalbahn Barntrup–Rinteln und aus einem Abschnitt der früher von der Deutschen Bundesbahn betriebenen Begatalbahn Lage (Lippe)–Hameln. Anschluss an das übrige Eisenbahnnetz besteht in Lemgo, doch kann der Abschnitt Dörentup–Lemgo-Lüttfeld aus technischen Gründen derzeit lediglich für Überführungszwecke befahren werden. Die Tatsache, dass Barntrup früher die Schnittstelle beider Bahnen gewesen ist und die Extertalbahn bis hierher mit einer elektrischen Fahrleitung versehen ist, erlaubt die Führung von Sonderzügen mit allen drei Traktionsarten. Beide Dampfloks des Vereins sind aufgrund technischer Mängel derzeit allerdings nicht betriebsbereit. Leider kommt es auch immer wieder zu Kupferdiebstählen, so dass derzeit kein elektrischer Betrieb möglich ist und auf der noch bis 2001 im Güterverkehr genutzten Gesamtstrecke daher mit einer Diesellokomotive gefahren werden muss.

Beide Teilstrecken führen durch das abwechslungsreiche lippische Bergland, wobei im waldreichen Extertal aufgrund des starken Bewuchses die Fotomöglichkeiten vielfach eingeschränkt sind. Einen regelmäßiger Touristikverkehr wie auf anderen Strecken gibt es hier zwar nicht, dafür aber eine Reihe von Fahrterminen, die teilweise auch zu weiter entfernten Zielen führen.

AUF EINEN BLICK

Anbieter Landeseisenbahn Lippe e.V. (LEL)

Fahrzeuge Diesellokomotiven

Streckenlänge 21 km

Internet www.extertalbahn.de

Highlights reizvoller Streckenverlauf zwischen Barntrup und Bösingfeld

DÜREN–ZÜLPICH–EUSKIRCHEN
BÖRDE-EXPRESS

Die Bördebahn war einmal eine zweigleisige Hauptbahn mit regem Güterverkehr. Geblieben ist eine eingleisige Nebenstrecke, die abgesehen von Sonderreisezügen nur noch in geringem Umfang im Güterverkehr befahren wird. Die Strecke verläuft weitgehend gradlinig zwischen Düren und Euskirchen mit der Stadt Zülpich etwa in der Streckenmitte.

Dort gab es in früheren Jahren reichlich Kundschaft im Güterverkehr, einige Unternehmen waren an die Zülpicher Industriebahn angeschlossen bzw. sind es noch heute. Inzwischen ist es hier allerdings recht ruhig geworden.

Ende 2002 wurde der nördliche Teil der Strecke zwischen Düren und Zülpich von der Dürener Kreisbahn erworben. Diese und deren Nachfolgeunternehmen „Rurtalbahn" stellt einer Papierfabrik in Zülpich mehrmals wöchentlich Kokszüge über Düren zu. Es gibt Bemühungen zur Reaktivierung der Strecke für den regulären Reisezugverkehr, ein Projekt, dass auch durch den Arbeitskreis Bördebahn-IG Rurtalbahn e.V. unterstützt wird. Bis dahin verkehren an bestimmten Wochenenden Touristikzüge mit einem RegioSprinter der Rurtalbahn. Gelegentlich kommen aber auch andere Fahrzeuge im Sonderverkehr auf die Strecke.

AUF EINEN BLICK

Kursbuchstrecke 12474

Anbieter Interessengemeinschaft Rurtalbahn e.V., Ruhrtalbahn GmbH

Fahrzeuge Dieseltriebwagen, meist modern

Streckenlänge 30 km

Internet www.boerde-express.de

Sonderzug auf der Bördebahn – einige Schrankenanlagen sind nicht mehr betriebsbereit

AUF EINEN BLICK

Anbieter Hespertalbahn e.V.

Fahrzeuge Dampf- und Diesellokomotiven

Streckenlänge 3,5 km

Internet www.hespertalbahn.de

Highlights Verlauf am Baldeneysee

ESSEN-KUPFERDREH–HAUS SCHEPPEN

HESPERTALBAHN

Die Hespertalbahn ist eine ehemalige Zechenbahn, die früher das Bergwerk Pörtingsiepen an das Staatsbahnnetz anschloss. Aufgrund ihrer Lage am Südufer des Essener Baldeneysees, einem aufgestauten Wasserreservoir, ist die Streckenführung landschaftlich reizvoll. Allerdings wird die Museumsbahn fast auf ihrer gesamten Länge von hohem Baubestand begleitet, was das Fotografieren vielfach erschwert. Da zwischen Seeufer und Strecke ein befestigter Wanderweg verläuft, ist die Strecke nahezu überall fußläufig erreichbar. Freude bereitet es, die Strecke als Mitfahrer zu erleben und eine solche Fahrt sogleich mit einem Aufenthalt am landschaftlich reizvollen Baldeneysee zu verbinden.

Ihren Betriebsmittelpunkt hat die Hespertalbahn nahe ihrem Ausgangspunkt in Essen-Kupferdreh. Im Sommer 2012 haben dort große Umbauarbeiten begonnen, die neben einer Veränderung des Gleisbildes auch den Bau einer Fahrzeughalle für die Museumsbahn umfassen.

Dampfbetrieb am Baldeneysee

Betrieblicher Mittelpunkt der Selfkantbahn ist der Bahnhof Schierwaldenrath

GEILENKIRCHEN–SCHIERWALDENRATH
SELFKANTBAHN

Die meterspurige Selfkantbahn ist ein Reststück der früheren Geilenkirchener Kreisbahn mit den beiden Strecken Geilenkirchen–Tüddern und Geilenkirchen–Alsdorf (Kr Aachen), Betrieblicher Mittelpunkt der heutigen Museumsbahn ist der Bahnhof Schierwaldenrath. Hier befinden sich eine große Fahrzeughalle sowie mehrere Nebengleise. Nächste Station ist der Kreuzungsbahnhof Birgden. Ihm folgen die Haltepunkte Gelindchen und Stahe, bevor der Endpunkt Gillrath erreicht wird. Der dortige Bahnhof mit seinem großen Getreidesilo wurde 2012/13 umgebaut und erhielt dabei auch ein Empfangsgebäude. Die Sammlung des Vereins umfasst sieben Dampf-, vier Diesellokomotiven und vier Triebwagen. Ein großer Teil davon ist betriebsfähig aufgearbeitet. Prunkstück der Sammlung ist die elegant wirkende 1C-Dampflok Regenwalde.

AUF EINEN BLICK

Anbieter Interessengemeinschaft Historischer Schienenverkehr e. V. (IHS) Hespertalbahn e.V.

Fahrzeuge Dampf- und Diesellokomotiven, Triebwagen

Streckenlänge 5,4 km

Internet www.selfkantbahn.de

Highlights Bahnhof Schierwaldenrath

52 3610 zu Gast im landschaftlich schönen Ruhrtal

HATTINGEN–WENGERN OST

RUHRTALBAHN

Eine sehr attraktive Museumsbahn im südlichen Ruhrgebiet verkehrt in Ruhrtal zwischen Hattingen und Wengern Ost. An Wochenenden des Sommerhalbjahres (1. Mai bis 20. Oktober) werden auf der Strecke jeweils freitags und sonntags Schienenbusfahrten durchgeführt, an bestimmten Tagen kommt aber auch eine Dampflok des nahe gelegenen Eisenbahnmuseums Bochum-Dahlhausen zum Einsatz. Entlang der Strecke gibt es viele Sehenswürdigkeiten, die einen Besuch wert sind. Das Industriemuseum Henrichshütte Hattingen, die Burg Blankenstein, die Burgruine Hardenstein, die Zeche Nachtigall, die Feldbahnschauanlage der Muttenthalbahn sowie die nahe gelegenen naturnahen Ruhrauen sind nur einige Beispiele dafür. All diese Ausflugsziele sind von den Haltestellen der Ruhrtalbahn aus in nur wenigen Minuten fußläufig erreichbar.

Der Tourismusverkehr beschränkt sich nicht nur auf den Abschnitt Hattingen–Wengern Ost, sondern wird zwischen dem Eisenbahnmuseum Bochum-Dahlhausen und Hagen Hbf durchgeführt. Im westlichen Abschnitt wird dabei ein kurzes Stück der S-Bahnstrecke 450.3 befahren, im Osten geht es über die Güterzugstrecke nach Hagen-Vorhalle und von dort weiter bis zum Hauptbahnhof.

Die Ruhrtalbahn ist vielerorts stark zugewachsen und nicht immer leicht zu fotografieren. Zu den wenigen Ingenieurbauten zählen der 74 m lange Blankensteiner Tunnel (auch Welper Tunnel genannt) und der über die Strecke führende Viadukt der Güterbahn Witten–Hagen-Vorhalle. Auch wenn letzterer eigentlich nicht der Ruhrtalbahn zuzurechnen ist, eignet er sich als lohnenswertes Fotomotiv. Je nach dem Stand der Vegetation kann man auch die Ruine Hardenstein zusammen mit dem Zug aufs Bild bekommen.

AUF EINEN BLICK

Anbieter RuhrtalBahn GmbH

Fahrzeuge Dampflokomotiven und Dieseltriebwagen

Streckenlänge 18km

Internet www.ruhrtalbahn.de

Highlights Blankensteiner Tunnel, Ruine Hardenstein, Viaduktunterquerung bei Witten-Bommern

HÜINGHAUSEN–KÖBBINGHAUSER HAMMER
MÄRKISCHE MUSEUMSEISENBAHN

AUF EINEN BLICK

Anbieter Märkische Museums-Eisenbahn e.V.

Fahrzeuge Dampf- und Diesellokomotiven

Streckenlänge 2 km

Internet www.sauerlaender-kleinbahn.de

Highlights Bahnhof Hüinghausen

Die meterspurige Märkische Museumseisenbahn, auch unter dem Namen „Sauerländer Kleinbahn" bekannt ist, wurde auf der Trasse der früheren Normalspurstrecke von Plettenberg nach Herscheid errichtet. Die Strecke verläuft entlang eines Hangs, im darunter liegenden Tal haben sich in der Vergangenheit zahlreiche Industriebetriebe angesiedelt. Über die Jahre hinweg hat der Verein eine Menge Fahrzeuge zusammengetragen, die teilweise vorbildlich restauriert wurden, so die dreiachsige Dampflok „Bieberlies" und die Dieselloks „Nahmer" und „Zukunft". Sehenswert ist auch das liebevoll restaurierte Bahnhofsgebäude von Hüinghausen. Daneben hat der Verein zum sicheren Unterstellen der wertvollen Fahrzeuge eine große Wagenhalle errichtet. Vor einiger Zeit wurde eine Streckenverlängerung in Richtung Herscheid diskutiert.

Mit der Lok „Bieberlies" durch das schöne Sauerland

KALL–HELLENTHAL
OLEFTALBAHN

AUF EINEN BLICK

Anbieter Bahn- und Businitiative Schleidener Tal e. V. / Rhein-Sieg-Eisenbahn GmbH

Fahrzeuge Dieseltriebwagen

Streckenlänge 18 km

Internet www.oleftalbahn.de

1884 eröffnet, währte der Personenverkehr fast hundert Jahre, bevor die Bundesbahn ihn im Sommer 1984 einstellte. Der Güterverkehr verblieb vorerst, es waren vor allem Militärtransporte zum belgischen Truppenübungsplatz Camp Vogelsang bei Schleiden-Höddelbusch. Diese endeten 2005, wonach die Bahn nun weitgehend ohne Verkehr war. Die Bonner Rhein-Sieg-Eisenbahn (RSE) trat für den Erhalt der Strecke ein und kaufte zunächst den kurzen Abschnitt Schleiden-Hödelbusch. Mittlerweile gehört ihr die gesamte Strecke.

Obwohl die Nebenbahn weitgehend entlang einer Straße verläuft, gibt es zwei herausragende Motive: Zum einen den 170 m langen Gemünder Tunnel, zum anderen die Ortsdurchfahrt von Olef. Hier verläuft das Streckengleis inmitten des Dorfplatzes zwischen Fachwerkhäusern. Nachdem der Verkehr in den ersten Jahren mit einem Uerdinger Schienenbus der Hochwaldbahn durchgeführt wurde, kommen nun in der Regel rot lackierte MAN-Schienenbusse der RSE zum Einsatz. Aber auch andere Sonderzüge gelangen regelmäßig ins Oleftal.

Eine Besonderheit der Strecke ist die romantische Ortsdurchfahrt in Olef

Der Preußenzug der Museumseisenbahn Minden in voller Fahrt zwischen Hahlen und Minden

KLEINENBREMEN–MINDEN–HILLE

AUF EINEN BLICK

Anbieter Museumseisenbahn Minden e.V.

Fahrzeuge Dampf- und Diesellokomotiven

Streckenlänge 30 km

Internet www.vereine.minden.de/mem

Highlights Weserbrücke in Minden, normalspurige Einfahrt ins Bergwerk

Das absehbare Ende des Dampflokbetriebes in Westdeutschland und die damit einhergehende Verschrottung vieler historisch interessanter Eisenbahnfahrzeuge waren Anlass für die Gründung dieser Museumseisenbahn, die mit ihren liebevoll gepflegten Fahrzeugen unter anderem auf den verbliebenen Strecken der Mindener Kreisbahnen unterwegs ist. Sehens- und erlebenswert ist der „Preußen-Zug“, der in den bunten Farben der Länderbahnen die Zeit um 1900–1920 präsentiert. Bespannt werden kann er stilecht mit preußischen Dampflokomotiven der Gattungen T 11 und T 13.

Befahren werden die Strecken von Minden Oberstadt nach Hille und Kleinenbremen. Während erstere durch eine relativ ebene, landwirtschaftlich genutzte Region führt, reicht die zweite bis an das Wiehengebirge heran und endet am Besucherbergwerk Kleinenbremen. Dort kann in einen Triebwagen umgestiegen werden, der in den Berg hinein fährt, wo der Umstieg in eine Grubenbahn erfolgt. Diese bringt die Besucher bis in die ehemaligen Erzreviere.

OSBERGHAUSEN–WALDBRÖL
WIEHLTALBAHN

Die Nebenbahn hatte bis in die 1960er-Jahre hinein vor allem für die Steinbruchindustrie Bedeutung, aber auch der Personenverkehr war dank der Industriebetriebe im Wiehltal beachtlich. Doch mit dem zunehmenden Autoverkehr und der Schließung der meisten Steinbrüche wurde die Strecke zunehmend unrentabel und verlor bis Mitte der 1960er-Jahre zunächst den Schienenpersonenverkehr, während sich der Güterverkehr noch 20 Jahre länger halten konnte. Nun begann ein zäher Kampf um den Erhalt der Bahn, der sogar die Gerichte beschäftigte. Schließlich gelang es, die Wiehltalbahn wegen ihrer eisenbahngeschichtlichen Bedeutung unter Denkmalschutz zu stellen und die Befahrbarkeit schrittweise wieder herzustellen. 1999 verkehrten erstmals Touristikzüge, ab 2007 wurde die Strecke auch wieder von Güterzügen befahren.

Unter dem Namen „Bergischer Löwe" wird seit dem Jahr 2010 an Sonntagen zwischen April und Oktober ein touristischer Zugverkehr zwischen Dieringhausen und Waldbröl angeboten. Der Streckenast nach Morsbach ist derzeit noch nicht wieder befahrbar. Gefahren wird mit der dreiachsigen Dampflok „Waldbröl" und einem historischen MAN-Triebwagen. Es besteht die Möglichkeit, nach einem Besuch des Dieringhausener Eisenbahnmuseums direkt auf dem Museumsgelände den Zug nach Oberwiehl oder Waldbröl zu besteigen. Die eigentliche Wieltalbahn beginnt erst in Osberghausen an der Strecke Köln–Dieringhausen. Sie folgt in landschaftlich schöner Umgebung dem Flüsschen Wiehl durch Wälder und Wiesen, vorbei an alten Steinbrechern und Zeugen einer längst vergangenen Industrieepoche. Die Bahnhöfe und Haltepunkte sind ideale Ausgangspunkte für Wanderungen durch die waldreiche Natur mit vielfältigen Ausflugsmöglichkeiten.

AUF EINEN BLICK

Anbieter IG Bw Dieringhausen e.V., Förderkreis zur Rettung der Wiehltalbahn e.V.

Fahrzeuge Dampflokomotiven und Dieseltriebwagen

Streckenlänge 30 km

Internet www.wiehltalbahn.de

Highlights landschaftlich schöne Streckenführung

Tourismusverkehr im Wiehltal mit historischem MAN-Triebwagen bei Remperg

ST. TÖNIS–HÜLSER BERG
SCHLUFF

Von dem einst großen Netz der Krefelder Eisenbahn-Gesellschaft blieb lediglich die Strecke St. Tönis–Hülser Berg erhalten. Seit 1968 führt die Privatbahn hier regelmäßig Sonderfahrten durch, die seit 1980 mit der Dampflok „Graf Bismarck XV" bespannt sind. Die Fahrt führt aus dem besiedelten Gebiet um St. Tönis heraus in Richtung Krefeld, wo über ein Gleisdreieck Verbindung zur DB besteht. Weiter geht es in weitem Bogen nach Norden. Auch hier herrscht dichte Bebauung vor und viele Industriebetriebe besaßen hier früher Anschlussgleise, die jedoch inzwischen weitgehend zurück gebaut wurden. Im weiteren Verlauf führt das Gleis nach Osten in ein ländliches Gebiet. Hier wird es waldreicher und bald ist der romantisch gelegene Endpunkt Hülserberg erreicht. Früher ging es von hier aus weiter nach Moers, auf der Trasse befindet sich heute in weiten Teilen ein Radweg.

AUF EINEN BLICK

Anbieter SWK Mobil

Fahrzeuge Dampflokomotive

Streckenlänge 14 km

Internet www.swk.de/Die-SWK-Gruppe/Freizeit-Familie/Fahren-mit-dem-Schluff

Highlights Bahnhof Hülserberg

RHEINLAND-PFALZ SAARLAND

Die Moselstrecke mit ET 425 als Regionalbahn (RB) bei Hatzenport

AUF EINEN BLICK

Kursbuchstrecke 460

Anbieter vectus Verkehrsgesellschaft

Fahrzeuge Lint 41 (Alstom), GTW 2/6 (Stadler), V-Lok WEBA

Streckenlänge 78 km

Highlights Bahnhöfe Hadamar, Ingelbach, Langenhahn, Staffel und Wilsenroth mit Formsignalen

AU (SIEG)–ALTENKIRCHEN (WESTERW)–LIMBURG (LAHN)

OBERWESTERWALDBAHN

Die Oberwesterwaldbahn hat ihr Entstehen vor allem den Bodenschätzen des Westerwaldes zu verdanken. Sie sorgten viele Jahre lang für einen erheblichen Güterverkehr, der erst vor einigen Jahren weitgehend zum Erliegen gekommen ist. So mancher Bahnhof erinnert mit seinen kaum noch genutzten Nebengleisen an eine Zeit, als der Bahnverkehr im Oberwesterwald noch eine wichtige Rolle spielte. Nachdem in den 1980er-Jahren wiederholt eine mögliche Stilllegung der landschaftlich schönen Strecke zumindest auf Teilstrecken erwogen wurde, scheint die Zukunft nunmehr gesichert. Seit Dezember 2004 verkehren hier LINT-Triebwagen der vectus Verkehrsgesellschaft GmbH im Zweistundentakt mit Verdichtern zu den Hauptverkehrszeiten. Güterzüge sind lediglich noch zwischen Au (Sieg) und Altenkirchen (Westerw) zu beobachten, bespannt mit Lokomotiven der Westerwaldbahn.

Landschaftlich gesehen hat die zwischen Limburg (Lahn) und Staffel sogar zweigleisige Strecke mit ihrer interessanten Streckenführung durch die schönsten Gebirgslandschaften des Westerwaldes einiges zu bieten. Große Teile der Bahn säumt eine althergebrachte Freileitung für Telefon und Streckenblock, auch die Freunde der mechanischen Sicherungstechnik mit Formsignalen kommen hier auf ihre Kosten. Die meisten Bahnhöfe befinden sich in einem guten Zustand und selbst die stattlichen Bahnhofsgebäude wirken mit ihren Güterschuppen vielfach recht gepflegt. Besonderes fotogen sind die Bahnhöfe Hadamar, Ingelbach, Langenhahn, Staffel und Wilsenroth.

Einfahrt einer Regionalbahn aus Altenkirchen in den vorbildlich erhaltenen Bahnhof Wilsenroth

Regionalzug der Hellertalbahn kurz vor dem Haltepunkt Königstollen. Rechts die Trasse des früheren zweiten Gleises.

BETZDORF (SIEG)–HAIGER (-DILLENBURG)
HELLERTALBAHN

Die einst durchgehend zweigleisige Strecke war bis zum Ersten Weltkrieg Teil einer wichtigen Eisenbahnverbindung zwischen dem Rhein-Ruhr-Raum und dem Rhein-Main-Gebiet. Mit Eröffnung der Strecke Siegen–Dillenburg im Jahr 1915 begann der allmähliche Niedergang der steigungsreich trassierten Hellertalbahn. Nachdem in den 1980er-Jahren sogar die Gesamtstilllegung der Teilstrecke Würgendorf–Haiger erwogen wurde, scheint der langfristige Fortbestand der Bahnlinie nunmehr gesichert. Den Reisezugverkehr versieht seit 1999 die Hellertal-Bahn GmbH. Während zwischen Betzdorf und Neunkirchen (Kr Siegen) im Stundentakt gefahren wird, verkehren auf dem östlichen Teil der Strecke nur alle zwei Stunden Regionalbahnen mit Verdichtern zu den Hauptverkehrszeiten. Planmäßiger Güterverkehr besteht zwischen Betzdorf und dem Mannesmann-Werk in Holzhausen östlich von Würgendorf.

Für den Eisenbahnfotografen hat die Strecke einiges zu bieten. Zwischen Betzdorf und Grünebach liegen Hellertalbahn und Daadetalbahn nebeneinander und führen gemeinsam durch den Alsdorfer Tunnel. Ein zweiter Tunnel befindet sich in Höhe des Haltepunkts Königstollen. Im noch mit Formsignalen versehenen Bahnhof Herdorf schließt die nur noch im Güterverkehr betriebene Kreisbahn Siegen-Wittgenstein an die Strecke Betzdorf–Haiger an. Von einer Straßenbrücke aus hat man einen guten Überblick über die Anlagen beider Bahnen. Im weiteren Verlauf führt die Strecke durch eine ansprechende Mittelgebirgslandschaft mit schönen Fotomotiven. Leider ist die Bahntrasse besonders in ihrem Ostteil abschnittsweise stark zugewachsen. Einen Besuch wert ist auf jeden Fall der Bahnhof Würgendorf, der im Güterverkehr eine wichtige Rolle spielt.

AUF EINEN BLICK

Kursbuchstrecke 462

Anbieter Hellertal-Bahn GmbH

Fahrzeuge GTW 2/6 (Stadler), Lok private EVU

Streckenlänge 42 km

Highlights Bahnhöfe Herdorf (Formsignale) und Würgendorf, Haltepunkt Königstollen mit Tunnel

Regionalbahn nach Daaden in Höhe der Ortschaft Grünebach

BETZDORF (SIEG)–DAADEN
DAADETALBAHN

Die zehn Kilometer lange Nebenbahn verdankt ihr Entstehen dem Eisenerzbergbau und der Hüttenindustrie des Daadetals. Über die Jahre hinweg war der Güterverkehr stets umfangreicher als der Personenverkehr und war der eigentliche Lebensnerv der Bahn. Mit dem Niedergang des Bergbaus und der Eisenindustrie wurde der Betrieb in den 1970er-Jahren zunehmend defizitär, so dass die Deutsche Bundesbahn die Stilllegung erwog. Doch die Bahn blieb bis auf Weiteres in Betrieb, auch wenn zuletzt nur noch in der Zeit des Schülerverkehrs in den Vor- und frühen Nachmittagsstunden ein Zugangebot bestand. 1993 musste dieser Restverkehr wegen des schlechten Gleiszustandes eingestellt werden. Ende 1994 wurde der Betrieb wieder aufgenommen, nachdem die Strecke nach gründlicher Überholung der Westerwaldbahn GmbH übereignet worden war. Planmäßig gefahren wird seither mit einem Triebwagen der Baureihe 628 im Stundentakt. Güterverkehr findet seit Jahren nicht mehr statt.

Bis hinter dem Alsdorfer Tunnel fahren die Züge der Daadetalbahn auf dem früheren zweiten Gleis der Hellertalbahn. Im landschaftlich schönen Daadetal führt die Bahn durch eine sehr abwechslungsreiche Landschaft. Unterwegsbahnhöfe gibt es nicht mehr, dafür aber eine Reihe von Haltepunkten, von wo aus sich die Bahn recht gut zu Fuß erkunden lässt. In Daaden findet man ein gut erhaltenes Empfangsgebäude im typisch Westerwälder Baustil. Hier besteht nach wie vor die Möglichkeit zum Umsetzen eines lokbespannten Zuges.

AUF EINEN BLICK

Kursbuchstrecke 463

Anbieter Hellertalbahn GmbH

Fahrzeuge 628

Streckenlänge 10 km

Highlights Bahnhof Daaden mit gepflegtem Empfangsgebäude

WIESBADEN–RÜDESHEIM–KOBLENZ–NEUWIED

RECHTE RHEINSTRECKE/RHEINGAULINIE

Beide Rheinstrecken zählen sicher zu den wichtigsten Eisenbahnlinien Deutschlands und sind sowohl mit Reise- als auch Güterzügen stark belegt. In Laufe der Zeit kam es zu einer weitgehenden Konzentration des Güterverkehrs auf die rechte Rheinstrecke, während die andere Rheinseite vor allem dem Fernreiseverkehr vorbehalten war. Diese klassische Art der Arbeitsteilung verlor in jüngerer Zeit jedoch an Bedeutung, zumal Reise- und Güterzüge inzwischen mit nahezu gleichen Geschwindigkeiten unterwegs sind. Zwar verkehren die nach Eröffnung der neuen Schnellfahrstrecke Köln–Frankfurt verbliebenen Fernreisezüge nach wie vor auf der linken Rheinseite, aber der Güterverkehr konzentriert sich längst nicht mehr so stark auf die rechte Rheinstrecke, zumal diese ihrer Belastungsgrenze bereits erkennbar nahegekommen ist. Der starke Verkehr führt inzwischen zunehmend zu Protesten aus den Reihen der Bevölkerung, die den starken Bahnlärm im engen Rheintal in dieser massiven Form nicht länger ertragen wollen.

Wer hier fotografieren möchte, kommt angesichts der landschaftlichen Schönheit des Rheintals voll und ganz auf seine Kosten, zumal auch der Verkehr ausgesprochen vielfältig ist. Oft verkehren die Güterzüge im Blockabstand und es kommt nicht selten vor, dass vier oder fünf Züge unmittelbar aufei-

AUF EINEN BLICK

Kursbuchstrecke 466

Anbieter DB

Fahrzeuge 101, 120, 145, 151, 152, 185, 189, 294, 295, Flirt (Stadler) Lok priv. EVU

Streckenlänge 94 km

Highlights Bahnhöfe Kaub und Rüdesheim, gesamter Streckenbereich zwischen St. Goarshausen und Rüdesheim mit Blick aus den Weinbergen heraus auf Strecke und Rhein

In dichter Folge rollen Güterzüge durch das Rheintal. Im Kaub begegnen wir einem schweren Kohlenzug

nander folgen, bevor dann eine Viertelstunde lang Ruhe herrscht, bzw. eine planmäßige Regionalbahn vorbeigelassen werden muss. Besonders schöne Motive findet man rund um St. Goarshausen, im Bereich der Loreley sowie in den Weinbergen (vormittags) südlich von Kaub bis hinunter nach Rüdesheim. Aber auch ein Besuch des Rheingaus ist durchaus empfehlenswert. Die Bahnhöfe wurden in den letzten Jahren nicht nur teilweise modernisiert, sondern trotz des sehr starken Verkehrs auch „verschlankt", indem sie ihre Nebengleise verloren haben und zu Haltepunkten wurden. Dennoch findet man auch hier so manches schöne Motiv. Sehr empfehlenswert, aber auch ein wenig beschwerlich, ist eine Wanderung über den Rheinsteig, ein Wanderweg hoch über dem Rhein, der sehr schöne Landschaftsblicke mit Bahn bereithält.

Vor den malerischen Häusern von Oberwesel eilt ein ICE in Richtung Süden

KOBLENZ–MAINZ–FRANKFURT-FLUGHAFEN
LINKE RHEINSTRECKE

Der Schienenverkehr auf der linken Rheinseite war seit Gründung der Deutschen Reichsbahn im Jahr 1920 vorwiegend vom Reisezugverkehr bestimmt. Besonders schnell unterwegs war und ist man hier allerdings nicht, denn die dem Flusslauf folgende zweigleisige Strecke lässt mit ihren vielen sehr engen Bögen keine hohen Geschwindigkeiten zu. Auch wenn sich mit Inbetriebnahme der Neubaustrecke Köln–Frankfurt über den Westerwald im Jahr 2002 die Zahl der Fernreisezüge erheblich verringert hat, ist es auf dieser Strecke nicht wesentlich ruhiger geworden. Die frei gewordenen Trassen wurden nun zunehmend von Güterzügen belegt, für die es auf der gegenüberliegenden Rheinseite sehr eng geworden war. Häufig sieht man hier schnell fahrende Containerzüge, die von den niederländischen, aber auch norddeutschen Seehäfen in Richtung Schweiz und Italien unterwegs sind. Als Zuglokomotive kommt so ziemlich alles vor, was auf deutschen Schienen unterwegs ist. Auch ist der Anteil privater EVU mit ihrem vielfältigen und bunten Fahrzeugpark inzwischen recht hoch.

Hinsichtlich der Fotomöglichkeiten steht die linke Rheinstrecke der rechten nicht nach, auch wenn man klassische Weinbergmotive hier nur abschnittsweise findet. Dafür locken schöne Ortsdurchfahrten wie die in Boppard, St. Goar, Oberwesel und Bacharach. Wer gerne wandert, der wird an vielen Stellen in luftiger Höhe beim Blick von einem der vielen Aussichtspunkte belohnt. Hier hat man mitunter so ganz nebenbei auch noch die rechte Rheinstrecke im Blick. Besonders lohnenswert ist ein Gang über die altehrwürdigen Reste der Stadtmauer von Oberwesel mit vielfältigen Fotomöglichkeiten auf beide Rheinstrecken. Wer etwas Zeit mitbringt, der sollte eine Fahrt mit der Linienschifffahrt der „Köln-Düsseldorfer Deutsche Rhein-Schiffahrt AG" (KD) nicht versäumen. Vom Schiff aus können viele nicht alltägliche Motive eingefangen werden, unter anderem mit den zahlreichen Burgen, Burgruinen und Schlössern im Hintergrund.

AUF EINEN BLICK

Kursbuchstrecke 471

Anbieter DB, trans-Regio

Fahrzeuge 101, 111, 140, 143, 140, 145, 151, 152, 185, 189, 294, 295, 402 Flirt (Stadler) Lok priv. EVU

Streckenlänge 131 km

Highlights Schöne Ortsdurchfahrten in Boppard, St. Goar, Oberwesel und Bacharach. Altes Reiterstellwerk in Bingerbrück

KÖLN–SIEGBURG–MONTABAUR–WIESBADEN–FRANKFURT (MAIN)

NEUBAUSTRECKE KÖLN - RHEIN/MAIN

Die zweigleisige Hochgeschwindigkeitsstrecke wurde zur Beschleunigung des hochwertigen Reisezugverkehrs zwischen Rhein und Main gebaut, der bislang auf die für hohe Geschwindigkeiten wenig geeignete linke Rheinstrecke angewiesen war. Aufgrund der starken Steigungen bis zu 40 Promille dürfen hier lediglich ICE 3 mit Wirbelstrombremse eingesetzt werden. Die Bahntrasse verläuft auf nahezu der gesamten Länge entlang der Autobahn A3 durch das topografisch anspruchsvolle Gebiet des Westerwaldes und ist weitgehend mit einer sogenannten „festen Fahrbahn" ausgestattet. Durchgehend in Betrieb genommen wurde die rund 6 Milliarden Euro teure Strecke am 1. August 2002 nach siebenjähriger Bauzeit mit den Zwischenbahnhöfen Montabaur und Limburg.

Die hochmoderne, vielfach mit Lärmschutz versehene Schnellbahn führt durch den schönen Westerwald, doch ist sie mit markanten Fotomotiven nicht unbedingt gesegnet. Auch stört vielfach die dominant wirkende Autobahn A3, die weitgehend parallel zu den Gleisen

AUF EINEN BLICK

Kursbuchstrecke 472

Anbieter DB

Fahrzeuge 403, 406

Streckenlänge 206 km

verläuft. Wer jedoch ein wenig Zeit mitbringt, findet früher oder später ein schönes Motiv, wo bei Verwendung eines starken Teleobjektives durchaus dynamische Aufnahmen von den schnellen Zügen auf der sehr steigungsreichen Strecke entstehen können.

ICE 3 Baureihe 403 auf der Schnellfahrstrecke Köln–Frankfurt (Main)

(BONN–)REMAGEN–AHRBRÜCK
AHRTALBAHN

AUF EINEN BLICK

Kursbuchstrecke 477

Anbieter DB

Fahrzeuge 294/ 295, 643

Streckenlänge 28 km

Highlights Fußgängerbrücke am Hp Heimersheim, Bahnhöfe Ahrweiler und Dernau (Formsignale), freie Strecke zwischen Rech und Altenahr mit fünf Tunnel

Den Namen dieser landschaftlich schönen Strecke verbindet man allzu gern mit beschaulichen Weinorten und einem der bedeutendsten deutschen Rotweinanbaugebiete. Weniger bekannt ist, dass diese Strecke einst Teil des strategischen Eisenbahnnetzes im Gebiet der Eifel war und während der beiden Weltkriege für den Nachschub in Richtung Frankreich eine wichtige Rolle spielte. Auch beim Bau des Westwalls in den Jahren 1938-40 (Siegfried-Linie) herrschte hier zeitweise Hochbetrieb. Die damals zweigleisige Strecke führte über den Bahnknoten Gerolstein bis nach Belgien, und auch die berühmte Brücke von Remagen war Teil dieser wichtigen Aufmarschstrecke. Das zweite Gleis liegt noch immer bis Walporzheim, der Rest der heute in Ahrbrück endenden Strecke ist seit 1946 nur noch eingleisig. Der planmäßige Betrieb wird mit Triebwagen von Typ „Talent“ durchgeführt, die im Stundentakt verkehren. Planmäßiger Güterverkehr besteht nur noch bis Bad Neuenahr. Besonders in den Herbstmonaten zur Weinlese verkehren häufig Sonderzüge, so dass bis heute mehrere Kreuzungsbahnhöfe vorgehalten werden, die für den regulären Betrieb normalerweise nicht notwendig sind.

Wer im Ahrtal mit der Kamera unterwegs ist, wird nach schönen Motiven nicht lange suchen müssen. Bereits in der Umgebung von Bodendorf wird man fündig. Hier trifft man noch immer auf die klassische Telefonfreileitung, die auf weiten Strecken die Zeiten überdauert hat. Weitere attraktive Fotopunkte findet man am Hp Heimersheim (Fußgängerüberführung), im Bahnhof Ahrweiler, rund um Walporzheim und im Bahnhof Dernau mit seinen Formsignalen. Zwischen den Haltepunkten Rech (alte Steinbogenüberführung über dem Gleis) und Altenahr führt die Ahrtalbahn durch fünf Tunnel, wobei die Tunnelausfahrt in Altenahr als Fotomotiv zu empfehlen ist. Dieser Bereich ist allerdings teilweise schwer zugänglich und kann vielfach nur zu Fuß erkundet werden.

ANDERNACH–MAYEN–KAISERESCH
PELLENZ-EIFEL-BAHN

Zwischen Mayen und dem Rhein erstrecken sich große Lavasteinvorkommen. Um das als Baustoff geeignete Gestein im großen Umfang abbauen zu können, bedurfte es eines Eisenbahnanschlusses ins Rheintal, der bis 1878 verwirklicht werden konnte. Die 14,5 km lange Strecke wurde später nach Westen hin bis Gerolstein verlängert und vor allem aus militärischen Gründen bis Mayen Ost zweigleisig ausgebaut.

Nach dem Zweiten Weltkrieg gingen Personen- und Güterverkehr besonders westlich von Mayen stark zurück. Nach einer vorausgegangenen Ausdünnung des Zugangebots wurde 1991 der planmäßige Personenverkehr zwischen Mayen West und Gerolstein eingestellt, bevor im Jahr 2000 zwischen Mayen und Kaisersesch auch der Güterverkehr endete. Schon zuvor hatte die Öffentlichkeit die Wiederaufnahme des Schienenpersonenverkehrs bis Kaisersesch durchgesetzt, der im August 2000 nach einer Streckenertüchtigung reaktiviert wurde. Auf dem sich anschließenden, planmäßig nicht mehr befahrenen Abschnitt bis Gerolstein fahren an Sommerwochenenden Touristikzüge der Vulkan-Eifel-Bahn. Auch hier sollen in einigen Jahren wieder planmäßig Reisezüge verkehren.

Die im Stundentakt verkehrenden Regionalbahnen lassen sich für eine Fototour sehr gut nutzen, denn viele Fotomotive findet man im Nahbereich der Bahnhöfe und Haltestellen. In Kruft, Mendig und Kottenheim sind die gut erhaltenen Bahnhofsgebäude sehenswert. Mit Ausnahme des in einen Haltepunkt umgewandelten früheren Bahnhofs Kottenheim stehen hier auch noch Formsignale. Besonders romantisch wird es rund um den Haltepunkt Monreal mit den beiden Burgruinen. Sie erheben sich majestätisch über den Fachwerkhäusern des beschaulichen Ortes und lassen sich von mehreren Standpunkten aus mit den Zügen der Pellenz-Eifel-Bahn sehr gut ins Bild setzen.

AUF EINEN BLICK

Kursbuchstrecke 478

Anbieter DB

Fahrzeuge 294, 643

Streckenlänge 43 km

Highlights Formsignale in den Bahnhöfen Kruft und Mendig, Streckenbereich mit Tunnel und Burgruinen bei Monreal

BOPPARD–EMMELSHAUSEN
HUNSRÜCKBAHN

AUF EINEN BLICK

Kursbuchstrecke 478
Anbieter Rhenus Veniro
Fahrzeuge RegioShuttle RS1 (Stadler)
Streckenlänge 14 km
Highlights Hubertusviadukt (erreichbar über den Hunsrück-Wanderweg)

Blickfang auf der Hunsrückbahn ist der 48,5 m hohe Hubertusviadukt

Einst konnte man mit der Hunsrückbahn von Boppard aus die Höhen des Hunsrück erreichen. Das geht heute leider nicht mehr, denn seit Mai 1983 enden die Züge im Bahnhof Emmelshausen. Die weiterführende Strecke nach Simmern wurde abgebaut. Nachdem bis Dezember 2008 die Deutsche Bahn als Nachfolgerin der Deutschen Bundesbahn zwischen Boppard und Emmelshausen aktiv war, führt heute das Unternehmen Rhenus Veniro den Betrieb mit modernen Triebwagen vom Typ RegioShuttle RS 1.

Die landschaftlich sehr schöne Strecke lässt sich sehr gut vom Hunsrück-Wanderweg aus erkunden. Dieser verläuft mal in Sichtweite, mal in unmittelbarer Nähe entlang der früher teilweise im Zahnradbetrieb befahrenen Eisenbahnstrecke. Entsprechende Info-Tafeln erläutern an ausgewählten Punkten die Bauwerke der Bahn in Kurzform und nennen die planmäßigen Verkehrzeiten der Züge. Natürlich ist auch ein Besuch des bekannten Hubertusviadukts Teil der Wanderroute. Von einem höher gelegenen Aussichtspunkt aus betrachtet liegt dem Wanderer das Bauwerk in all seiner Schönheit „zu Füßen".

MAINZ–WORMS–LUDWIGSHAFEN–MANNHEIM

Die Strecke hat als Bindeglied im Nord-Süd-Fernreiseverkehr große Bedeutung. Es verkehren zahlreiche EC-, IC- und ICE-Züge mit zum Teil langen Laufwegen, u. a. auch mit Zielen in der Schweiz. Hinzu kommen zahlreiche Güterzüge, die teilweise mit Lokomotiven privater

EVU bespannt sind. Besondere Bedeutung kommt dem Übergabeverkehr zur BASF in Ludwigshafen zu. Das Anschlussgleis der BASF AG schließt in Oggersheim an die Hauptstrecke an. Schließlich besteht auf der Gesamtstrecke ein dichter regionaler Reisezugverkehr mit Schwerpunkt zwischen Worms und Mannheim.

Fotomotive findet man unter anderem im so genannten Rebenland nördlich von Ostheim sowie in den Weinbergen südlich von Bodenheim. Wer sich für Eisenbahnmotive in industriellem Umfeld interessiert, der sollte sich in den Hafengebieten von Ludwigshafen, Mainz, Mannheim und Worms mit ihrem zum Teil sehr interessanten Eisenbahnbetrieb umsehen. Die attraktivsten Fotomotive allerdings findet der Eisenbahnfreund im nördlichen Bereich der Strecke zwischen Nackenheim und Oppenheim, wo die Bahntrasse recht nahe am Rhein entlangführt. Ein besonders schönes Bahnpanorama eröffnet sich dem Fotografen nördlich des Weinortes Nierstein. Vom Hang aus hat man einen herrlichen Blick auf den Rhein und die im Vordergrund verlaufende Hauptbahn.

AUF EINEN BLICK

Kursbuchstrecke 660

Anbieter DB

Fahrzeuge 101, 120, 140, 143, 146, 151, 152, 185, 218, 294, 295, 402, 403, 425, 612, 628, 643, Lok priv. EVU

Streckenlänge 70 km

Highlights Blick aus den Weinbergen bei Bodenheim auf die Strecke, Streckenverlauf mit Blick auf den Rhein bei Nackenheim, Oppenheim und Nierstein

MAINZ–ARMSHEIM (–ALZEY)

Die in den Anfangsjahren auch von Fernreisezügen befahrene Hauptbahn führt vom Mainzer Hauptbahnhof durch das rheinhessische Hügelland und trifft in Armsheim auf die Rheinhessenbahn Bingen–Alzey–Worms. Auf der eingleisigen Strecke herrscht dichter Reisezugverkehr mit jeweils stündlich verkehrenden Regionalbahnen und Regionalexpresszügen. Letztere verkehren mit Lokomotiven der Baureihe 218 vor Doppelstockwagen. Planmäßige Zugkreuzungen finden in den Mainzer Bahnhöfen Gonsenheim und Marienborn sowie in Saulheim statt. Weitere Kreuzungsbahnhöfe findet man in Nieder Olm und Wörrstadt. In Nieder Olm und Saulheim sind noch Formsignale in Betrieb.

Die Strecke führt mit einigen größeren Steigungen durch eine weitgehend von der Landwirtschaft bzw. vom Weinanbau bestimmte Region. Vielfach ist die Bahntrasse stark zugewachsen und auch die bis auf das Notwendigste zurück gebauten Bahnhöfe bieten nur wenige gute Fotomöglichkeiten.

AUF EINEN BLICK

Kursbuchstrecke 661

Anbieter DB

Fahrzeuge 218, 628

Streckenlänge 41 km

ALZEY–KIRCHHEIMBOLANDEN
DONNERSBERGBAHN

Die Donnersbergbahn war Teil einer Fernverbindung zwischen Mainz und Kaiserslautern. Doch schon bald liefen ihr die Alsenzbahn im Westen und die Pfrimmtalbahn im Süden den Rang ab. 1951 endete der Personenverkehr, während sich der Güterverkehr zwischen Alzey und Kirchheimbolanden bis in die 1990er-Jahre hinein halten konnte. Schließlich übernahm die Bahngesellschaft Waldhof die von der Stilllegung bedrohte Strecke und nach einer gründlichen Instandsetzung wurde am

AUF EINEN BLICK

Kursbuchstrecke 661.1

Anbieter Rhenus-Keolis GmbH

Fahrzeuge RegioShuttle RS 1 (Alstom)

Streckenlänge 14 km

30. Mai 1999 sogar der Personenverkehr wieder aufgenommen.

Die Strecke liegt im Übergangsbereich vom Rheinhessischen Hügelland zu den Ausläufern des Donnersberg und ist mit ihren hohen Bahndämmen aufwendig trassiert. Dass ihr einstmals eine größere Bedeutung zugedacht war, erkennt man an der verhältnismäßig breiten Dammkrone, die für zwei Gleise bemessen ist. Fotomotive finden man nahezu überall zwischen Alzey und Kirchheimbolanden, leider ist der ausschließlich mit RegioShuttle gefahrene Zugverkehr ein wenig eintönig.

BINGEN (RHEIN) STADT–ALZEY–WORMS
RHEINHESSENBAHN

AUF EINEN BLICK

Kursbuchstrecke 662
Anbieter DB
Fahrzeuge 218, 628
Streckenlänge 64 km

Die weitgehend eingleisige Hauptbahn verbindet die Städte Bingen (Rhein) und Worms und führt durch die frühere darmstädtische Provinz Rheinhessen. Daher stammt der Name „Rheinhessenbahn". Die eigentliche Strecke beginnt in Gensingen-Horrweiler an der Nahebahn und führt in südöstlicher Richtung durch eine von der Landwirtschaft bzw. teilweise auch vom Weinanbau geprägte relativ ebene Landschaft nach Armshein, wo die Hauptbahn aus Mainz auf die Rheinhessenbahn trifft. Ab hier ist die Strecke bis Alzey zweigleisig. Im weiteren Verlauf bestimmen neben Ackerflächen zunehmend Weinanbauflächen das Umfeld der Bahn. Leider wird die Bahntrasse vielfach von dichtem Bewuchs begleitet, so dass man nach einem ansprechenden Fotopunkt schon ein wenig suchen muss. Östlich von Monsheim treten die Weinanbaugebiete in den Hintergrund. Hier bestimmen vor allem Ackerflächen entlang der nunmehr wieder zweigleisigen Strecke das Bild.

Gefahren wird mit Triebwagen der Baureihen 628/629 im Stundentakt, der zu bestimmten Tageszeiten zwischen Monsheim und Worms auf einen angenäherten Halbstundentakt verdichtet ist. Vereinzelt kommen auch lokbespannte Züge mit der Baureihe 218 zum Einsatz. Ab 2014 werden hier Triebwagen vom Typ LINT zum Einsatz kommen. Fahrplanmäßiger Güterverkehr besteht nicht mehr.

MONSHEIM–MÜNCHWEILER (ALSENZ)–HOCHSPEYER
ZELLERTALBAHN

AUF EINEN BLICK

Kursbuchstrecke 662.1
Anbieter DB, Pfalzbahn GmbH
Fahrzeuge 650, 798
Streckenlänge 42 km
Highlights Berghänge bei Wachenheim und Harxheim

Die Zellertalbahn oder Pfrimmtalbahn genannte Bahnlinie ist Teil einer früheren überregionalen Verbindung zwischen Worms und Kaiserslautern. Sie galt bis in die jüngere Zeit als strategisch wichtig und war zeitweise sogar zweigleisig. Betrieblicher Mittelpunkt der Strecke war der Bahnhof Marnheim mit der hier abzweigenden Donnersbergbahn nach Alzey. In den 1970er-Jahren ging der Zuspruch stark zurück, so dass mit Beginn des Winterfahrplans 1983 der Personenverkehr aufgegeben wurde. Der Güterverkehr folgte Ende des Jahres 1991. Das Streckengleis blieb erhalten, da die Strecke nach wie vor als strategisch wichtig eingestuft war. Wenige Jahre später verlor sie diesen Status, und wäre nicht 2001 ein Konzept für die weitere Nutzung als Touristikbahn gefunden worden, lägen hier längst keine Schienen mehr. Infrastrukturbetreiber ist heute der Donnersberg Touristik Verband e. V. Betreut wird die Strecke vom Förderverein Eistalbahn e. V. Alljährlich wird in der Sommersaison ein sonntäglicher Ausflugsverkehr durchgeführt, der in den letzten Jahren von DB Regio und der Pfalzbahn GmbH durchgeführt wurde.

Auch wenn die Bahntrasse abschnittsweise stark zugewachsen ist, findet der Fotofreund so manches lohnende Motiv. Schöne Blicke auf Bahn und Landschaft hat man u. a. von den Berghängen bei Wachenheim und Harxheim. Auch um Börrstadt herum lässt es sich gut fotografieren, ebenso bei der Einfahrt in den Bahnhof Langmeil mit dem Donnersberg im Hintergrund.

Der Bahnhof Ludwigshafen Mitte ist mit dem Renault Traffic Design Award 2004 ausgezeichnet worden.

S-BAHN RHEIN-NECKAR

Das S-Bahn-Netz mit dem Zentrum um Mannheim, Heidelberg und Ludwigshafen (Rhein) bildet das Rückgrat des Nahverkehrs im Ballungsraum RheinNeckar und besteht seit dem Jahr 2003. Es war seinerzeit

Auf dem Mannheimer Hauptbahnhof gehört der ICE zum alltäglichen Bild. Dieser ist auf dem Weg nach Amsterdam

BAD DÜRKHEIM BAHNHOF RHB–LUDWIGSHAFEN (RHEIN)–MANNHEIM PARADEPLATZ

RHEIN-HAARDTBAHN

AUF EINEN BLICK

Kursbuchstrecke 668

Anbieter Rhein-Haardtbahn GmbH

Fahrzeuge ET6, ET8N, MGT6 (DÜWAG)

Streckenlänge 32 km

Highlights Ortsdurchfahrt Ellerstadt, freie Strecke um Bad Dürkheim

Die meterspurige Rhein-Haardtbahn wird zwischen Bad Dürkheim und Oggersheim als Eisenbahn betrieben, zwischen Oggersheim und Mannheim hingegen als Straßenbahn. Die Strecke ist bis auf einige kurze Teilstücke zweigleisig ausgebaut und wird unter der Woche im Halbstundentakt mit modernen Stadtbahnwagen befahren. An Sonn- und Feiertagen erfolgt hingegen nur eine stündliche Bedienung.

Für eine Erkundung der Strecke eignet sich ganz besonders das Fahrrad, denn fast überall begleiten zumeist gut ausgebaute Straßen und Wege die Bahntrasse. Man kann natürlich auch den Zug nehmen, zumal die Abstände zwischen den einzelnen Haltestellen nicht allzu groß sind. Gute Fotomotive findet der Eisenbahnfotograf u. a. in der Ortsdurchfahrt von Ellerstadt mit den hübschen Winzerhäuschen oder rund um Bad Dürkheim. Sehenswert ist dort auch die historische Fahrzeughalle mit dem Verwaltungsgebäude. Während des alljährlichen Bad Dürkheimer Wurstmarktes im September lohnt sich ein Besuch bei der Rhein-Haardtbahn ganz besonders, denn dann wird an zwei Wochenenden alle 15 Minuten gefahren. An diesen Tagen müssen auch die ansonsten nur sporadisch eingesetzten älteren RHB-Triebwagen zeigen, dass sie noch nicht zum alten Eisen gehören.

WEINHEIM OEG-BAHNHOF–MANNHEIM–HEIDELBERG–WEINHEIM OEG-BAHNHOF

OBERRHEINISCHE EISENBAHN

Die Oberrheinische Eisenbahn (OEG) betreibt eine meterspurige, teilweise zweigleisige Eisenbahnlinie im Dreieck der Städte Mannheim–Heidelberg und Weinheim (Bergstr), auf der Straßenbahnfahrzeuge im dichten Takt verkehren. Betrieben wird sie als Nichtbundeseigene Eisenbahn nach der Bau- und Betriebsordnung für Schmalspurbahnen, in den Städten Mannheim und Heidelberg teilweise aber auch als Straßenbahn. Die Stadtbahnlinie 5 ist eine Ringbahn. Sie verbindet von Weinheim (Bergstr) kommend die Mannheimer Stadtteile Käfertel, Quadrate, Neuostheim und Seckenheim und führt von dort über Edingen und Heidelberg zurück nach Weinheim (Bergstr). Die von vielen als Überlandstraßenbahn betrachtete Strecke ist wichtiger Bestandteil des ÖPNV im östlichen Mannheimer Umland sowie im Rhein-Neckar-Kreis. Benötigt werden für eine vollständige Ringumfahrung ca. 2:20 Stunden.

Die Strecke lässt sich am besten mit dem Zug erkunden, zumal die Haltestellen einander in kurzen Abständen folgen. Der Fahrplan ist mit einem 20-Minuten-Grundtakt recht dicht, in den Hauptverkehrszeiten fährt sogar alle zehn Minuten ein Zug. Brauchbare Fotopunkte findet man sowohl im Bereich der Städte als auch auf den Überlandstrecken, auch wenn herausragende Motive kaum zu finden sind.

AUF EINEN BLICK

Kursbuchstrecke 669

Anbieter Oberrheinische Eisenbahn GmbH

Fahrzeuge Gt 8x (Düwag), V 6 (Dtranz), RN V6 (Bombardier)

Streckenlänge 54 km

HEIDELBERG–MANNHEIM–KAISERSLAUTERN–SAARBRÜCKEN

PFALZBAHN

Der Bau dieser heute stark befahrenen Hauptbahn geht auf Bemühungen zurück, für die Saarkohle neue Absatzmärkte zu erschließen und sie somit gegenüber der Ruhrkohle konkurrenzfähig zu machen. Rasch entwickelte sich ein starker Ost-West-Verkehr, dessen Schwerpunkt viele Jahre lang der Montanverkehr zwischen Deutschland und Frankreich war. Noch heute gehört die Strecke zu den wichtigsten Güterzugmagistralen in Deutschland. Anstelle von Kohle und Stahl dominieren heute allerdings Züge des Kombinierten Ladungsverkehrs innerhalb der EU mit Containern, Wechselbrücken, Aufliegern und anderen hochtarifierten Gütern auf der seit 1967 durchgehend elektrifizierten zweigleisigen Hauptbahn. Größere Anlagen für den Güterverkehr bestehen in Homburg (Saar), Kaiserslautern bzw. Einsiedlerhof, Ludwigshafen (Rhein), Mannheim, Neustadt (Weinstr) und Saarbrücken. Im Reisezugverkehr bildet die Strecke ein wichtiges Bindeglied zwischen Deutschland und Frankreich. Zwischen Frankfurt (Main) und Paris verkehren Mehrsystem-ICE der Baureihe 406, während im nationalen Fernreiseverkehr neben Neigetechnik-ICE-Zügen der Baureihe 411/415 auch IC verkehren, die mit der Baureihe 101, teilweise aber auch mit der österreichischen Baureihe 1016/1116 bespannt sind. Auch französische TGV-Triebzüge sind gelegentlich als ICE-Ersatz auf der Pfalzbahn zu beobachten.

Die Strecke ist reich an Fotomotiven, wobei es der Gebirgsabschnitt zwischen Neustadt (Weinstr) und Kaiserslautern durch den Pfälzer Wald ganz besonders in sich hat. Neben den zum Teil markanten Tunnelportalen, die häufig allerdings nur kurze Zeit am Tag von der Sonne ausgeleuchtet werden, ist die Gegend um Frankenstein besonders zu empfehlen. Hier können nicht nur Eisenbahn, Tunnel, Kirche und Burgruine gemeinsam abge-

AUF EINEN BLICK

Kursbuchstrecke 670

Anbieter DB

Fahrzeuge 101, 120, 140, 143, 151, 152, 155, 181, 185, 294, 425, 426, 612, 628, 643, 402, 403, 406 Lok ÖBB und priv. EVU

Streckenlänge 149 km

Highlights Bereich um Frankenstein mit Tunnel, Kirche und Burgruine, freie Strecke zwischen Kaiserslautern und Homburg (Saar)

lichtet werden, sondern es gibt hier und auch im Nachbarort Weidenthal einige über Wanderwege zu erreichende Aussichtspunkte, die schöne Ausblicke auf Orte, Bahn und Tal zulassen. Gute Fotopunkte findet man auch weiter westlich zwischen Kaiserslautern und Homburg (Saar). Weniger attraktiv ist der sich anschließende Streckenabschnitt auf saarländischem Gebiet, zumal ein Großteil der Güterzüge über Neunkirchen (Saar) geführt wird und hier folglich hauptsächlich Reisezüge angetroffen werden können.

Lok der Baureihe 218 mit einem Sonderzug kurz vor der Einfahrt in den 1.347 m langen Heiligenberg-Tunnel bei Hochspeyer

(KAISERSLAUTERN-) LANDSTUHL–GLAN-MÜNCHWEILER–KUSEL

AUF EINEN BLICK

Kursbuchstrecke 671
Anbieter DB
Fahrzeuge 294, 643
Streckenlänge 29 km

Die Bahn verdankt ihr Entstehen der Hartsteinindustrie der Region. Nachdem der sonstige Verkehr zunächst recht bescheiden war und die eingleisige Strecke keine besondere Bedeutung erlangen konnte, wendete sich das Blatt mit dem Bau der Glantalbahn zumindest vorübergehend. Es entstand eine aus strategischen Gründen gebaute zweigleisige Hauptbahn von Bad Münster am Stein nach Homburg (Saar), die zwischen Glan-Münchweiler und Altenglan die Trasse der Strecke Landstuhl–Kusel mitbenutzte. Nach 1945 verlor die Glantalbahn rasch an Bedeutung und wurde schrittweise stillgelegt, während die Strecke Landstuhl–Kusel bis heute überlebt hat. Es besteht ein Grundangebot im Stundentakt mit Triebwagen der Baureihe 643 mit zusätzlichen Fahrten während der Hauptverkehrszeiten. Der Güterverkehr beschränkt sich seit Jahren auf die Bedienung der Ladestelle Rammelsbach-Steinbruch.

Die Strecke kann fast auf der gesamten Länge per Fahrrad erkundet werden, zumal Moorbachtalweg und Glan-Blies-Radweg stets in Bahnnähe verlaufen. Die vielfach durch eine Wiesenlandschaft verlaufende Bahntrasse ist oft frei von Bewuchs, so dass die Suche nach einem schönen Fotopunkt nicht allzu schwer fallen dürfte. An frühere Zeiten erinnern einige Bahnhöfe bzw. früheren Bahnhöfe, wo teilweise noch alte Stellwerksgebäude angetroffen werden können.

BINGEN (RHEIN)–BAD KREUZNACH–KAISERSLAUTERN- PIRMASENS

Diese Strecke besteht aus den beiden Teilstrecken Bingen–Hochspeyer und Enkenbach–Kaiserslautern Hbf–Pirmasens. Die zweigleisige Alsensbahn war bis zum Ersten Weltkrieg eine wichtige Bahnverbindung mit internationalen Schnellzügen in der Relation Niederlande–Deutschland–Schweiz–Italien. Auch im Güterverkehr hatte sie bis in die 1970er-Jahre hinein große Bedeutung. Heute dient die Strecke dem Nahverkehr, Güterverkehr gibt es nicht mehr. Es besteht ein stündliches Angebot mit Verdichtern zu den Hauptverkehrszeiten. Hinzu kommen an Wochenenden einige Regionalexpresszüge, die über Neustadt (Weinstr) bis Karlsruhe bzw. Wissembourg verkehren. Ein Teil der Regionalbahnen verlässt in Enkenbach die ab hier nur noch eingleisige Alsensbahn und erreicht über Eselfürth auf direktem Wege den Hauptbahnhof von Kaiserslautern. Auch wenn die Gesamtrelation Bingen (Rhein)–Pirmasens in einer Fahrplantabelle zusammengefasst ist, besteht kein durchgehendes Angebot. Zwischen Kaiserslautern und Pirmasens besteht ausschließlich Regionalverkehr im Stundentakt. Güterzüge fahren hier seit Jahren nicht mehr.

Nach geeigneten Fotostellen muss man an der Alsensbahn nicht lange suchen. Parallelführende Wege, Überführungen und Wiesen, teilweise auch in Hanglage, findet man allenthalben, und auch einige Bahnhöfe sind als Fotomotive gut geeignet. Besonders zu empfehlen ist die südliche Ortsansicht von Altenbamberg mit Burg im Hintergrund. Schöne Motive findet man auch im nördlichen Streckenbereich bei Laubenheim und Münster-Sarmsheim, wo Bahn und der Fluss Nahe eng beieinander verlaufen. Der Streckenabschnitt Kaiserslautern–Pirmasens hingegen ist stark zugewachsen und teilweise nur schwer zu fotografieren. Allerdings stehen in allen Bahnhöfen noch Formsignale.

AUF EINEN BLICK

Kursbuchstrecke 672

Anbieter DB

Fahrzeuge 642, 643

Streckenlänge 115 km

Highlights südliche Ortsansicht Altenbamberg mit Burg, Streckenverlauf bei Laubenheim und Münster-Sarmsheim in unmittelbarer Nähe zur Nahe

Dieseltriebwagen Baureihe VT 643 auf der Brücke über die Nahe in Bad Münster am Stein (Weinstraße)

KAISERSLAUTERN–LAUTERECKEN-GRUMBACH
LAUTERTALBAHN

AUF EINEN BLICK

Kursbuchstrecke 673
Anbieter DB
Fahrzeuge 643
Streckenlänge 34 km
Highlights Markante Gebirgsformationen bei Kraimbach-Kaulbach und Hohenöllen

Die Lautertalbahn war die erste „Secundärbahn" der Pfälzischen Eisenbahnen. Sie diente in erster Linie der hier ansässigen Hartsteinindustrie. Mit der Eröffnung der Glantalbahn im Jahr 1896 erhielt die Strecke einen Anschluss nach Norden bis an den Rhein, doch profitieren konnte sie davon nicht, denn der durchgehende Verkehr lief ab 1904 über Altenglan und Glan-Münchweiler in Richtung Homburg (Saar) und nicht durch das Lautertal. Als 1986 die Glantalbahn stillgelegt wurde, war auch das baldige Ende der Lautertalbahn zu erwarten. Doch die Nebenbahn blieb auf Wunsch des Landes Rheinland-Pfalz und der anliegenden Kreise und Kommunen erhalten und wurde modernisiert. Heute verkehren hier Triebwagen der Baureihe 643 im Stundentakt, Güterverkehr besteht nicht mehr.

Ein Radweg, der nahezu den gesamten Bahnverlauf begleitet, eignet sich sehr gut zur Erkundung der landschaftlich schönen Nebenbahn. Neben Wiesen und sanften Hügeln findet man bei Kraimbach-Kaulbach und Hohenöllen markante, steil aufragende Gebirgsformationen. Einen Besuch wert sind auch die Bahnhöfe, oder das, was von ihnen übrig geblieben ist. An frühere Zeiten erinnern hier Bahnhofsgebäude aus heimischem Buntsandstein, auch einige ausgediente Stellwerke sind erhalten geblieben.

(SAARBRÜCKEN–)ROHRBACH–ZWEIBRÜCKEN–PIRMASENS NORD–PIRMASENS

AUF EINEN BLICK

Kursbuchstrecke 674
Anbieter DB
Fahrzeuge 642
Streckenlänge 51 km
Highlights Streckenbereiche im Würzbachtal bei Lautzkirchen. Bahnhöfe Dellfeld, Pirmasens Nord und Pirmasens Hbf mit Formsignalen

Die Strecke hatte in früheren Jahren vor allem für die Abfuhr von Steinkohle aus dem Saarland und später auch aus Lothringen in Richtung Süddeutschland Bedeutung. Aber auch das Militär nutzte die eingleisige Hauptbahn vor allem während der beiden Weltkriege in großem Umfang. Folglich wurde die Bahnlinie zwischen Pirmasens Nord und Bierbach mit einem zweiten Gleis versehen, das jedoch bald nach dem Zweiten Weltkrieg wieder abgebaut wurde. Mit Elektrifizierung der parallel führenden Pfälzischen Ludwigsbahn über Kaiserslautern–Homburg (Saar) ging der bis dahin noch umfangreiche Güterverkehr rapide zurück. Dafür gewann der regionale Personenverkehr an Bedeutung. Heute verkehren Regionalbahnen im Stundentakt mit einigen Verdichtern, während der letzte Fernreisezug bereits in den 1980er-Jahren aus dem Fahrplan genommen wurde.

Landschaftlich gesehen hat die Strecke einiges zu bieten. Vom Rand des Pfälzer Waldes aus durchquert sie ab Thaleischweiler-Fröschen die vorwiegend landwirtschaftlich genutzte Westricher Hochfläche, um im weiteren nunmehr recht bogenreichem Verlauf dem von bewaldeten Hügeln gesäumten Schwarzbachtal zu folgen. Kurz vor der Einmündung des Schwarzbaches in die Blies erreicht die Bahn die Stadt Zweibrücken, die vor allem für den Personenverkehr auf der Strecke von Bedeutung ist. Kurz darauf wird im Bliestal bei Hamburg-Einöd die Grenze zum Saarland überschritten. Hinter Lautzkirchen beginnt das landschaftlich schöne und waldreiche Würzbachtal, bevor östlich von Rohrbach die zweigleisige elektrifizierte Hauptbahn Saarbrücken–Kaiserslautern erreicht wird. Die Bahnhöfe wurden dem geringer gewordenen Verkehr entsprechend zurückgebaut, bzw. in teilweise in Haltepunkte umgewandelt. In Dellfeld, Pirmasens Nord und Pirmasens Hbf findet man noch althergebrachte Sicherungstechnik mit Formsignalen.

LANDAU (PFALZ)–PIRMASENS NORD–PIRMASENS

QUEICHTALBAHN

Die früher vor allem für den Güterverkehr wichtige Hauptbahn ist heute nicht viel mehr als eine Nebenbahn mit weitgehend lokalem Charakter. Die Zeit der langen Kohlenzüge aus dem Saarland ist längst vorbei und auch der letzte Fernreisezug ist hier schon vor Jahren abge-

AUF EINEN BLICK

Kursbuchstrecke 675

Anbieter DB

Fahrzeuge 642

Streckenlänge 55 km

Highlights Tunnel bei Alertsweiler, Sandsteinfelsen bei Hinterweidenhal

Sonderzug auf der Queichtalbahn bei Albertsweiler

fahren. Folglich verloren die meisten Bahnhöfe einen großen Teil ihrer Gleisanlagen, nachdem das zweite Streckengleis schon kurz nach dem Zweiten Weltkrieg als Reparationsleistung für Frankreich abgebaut wurde. Heute besteht das Angebot aus stündlich verkehrenden Regionalbahnen mit einigen zusätzlichen Zügen zu den Hauptverkehrszeiten. Hinzu kommen an Sonntagen in den Sommermonaten einige klassische Eilzugpaare Landau (Pfalz)–Hinterweidenthal, die dort auf die Wieslauterbahn nach Bundenthal-Rumbach übergehen. Güterverkehr besteht hingegen nicht mehr.

Die landschaftlich schöne Strecke beginnt im Hauptbahnhof von Landau (Pfalz) und umfährt die Stadt zunächst in einem großen Bogen, um bald darauf das Queichtal zu erreichen. Westlich von Godramstein geht es auf mehreren Kilometern durch größere Weinbaugebiete, bevor die Strecke hinter Albersweiler den Pfälzer Wald erreicht. Im nördlichen Bereich des Wasgaus, ein grenzüberschreitendes waldreiches Gebiet, das bis in die französischen Vogesen hineinreicht, führt die Bahn durch eine abschnittsweise bizarre Landschaft aus Sandsteinfelsen mit zahlreichen Fotomotiven. Hinter Hinterweidenthal – hier zweigt die Wieslauterbahn ins Dahner Felsenland ab – geht es hinein ins Gräfensteiner Land, wo mittels des 852 m langen Münchweiler Tunnels die Pfälzische Wasserscheide unterquert wird. Anschließend folgt die Bahn dem Flüsschen Rodalb und erreicht schließlich am westlichen Ende des Pfälzer Waldes die beiden Primasenser Bahnhöfe.

BUNDENTHAL-RUMBACH–HINTERWEIDENTHAL

WIESLAUTERBAHN

AUF EINEN BLICK

Kursbuchstrecke 675.1

Anbieter AVG Karlsruhe

Fahrzeuge Esslinger-Triebwagen

Streckenlänge 15 km

Highlights Bahnhof Dahn mit bizarrer Felsformation

Das Schicksal einer Stichstrecke sollte der Nebenbahn eigentlich erspart blieben, denn in einem zweiten Bauabschnitt wollte die Pfälzischen Eisenbahnen sie bis Weißenburg (Elsass) verlängern. Doch der Erste Weltkrieg durchkreuzte diese Pläne, und so blieb der Bahnhof Bundenthal-Rumbach Streckenendpunkt und der Verkehr bescheiden. 1966 setzte die Deutsche Bundesbahn die Einstellung des regulären Reisezugverkehrs durch, lediglich der seit 1911 sonntags verkehrende Ausflugszug „Bundenthaler“ von Ludwigshafen ins Dahner Felsenland blieb noch bis 1976 erhalten. Als 1996 auch der Güterverkehr endete und damit der Abriss der Strecke drohte, erwarb die Verbandsgemeinde Dahner Felsenland die Strecke. Seit 2008 fährt nun an Sonntagen in den Sommermonaten regelmäßig der Felsenland-Express aus Karlsruhe ins malerische Lautertal. Betreiber der Strecke ist nunmehr die Albtal-Verkehrs-Gesellschaft Karlsruhe

Der bis ins französische Wissembourg führende Lautertal-Radweg bietet gute Voraussetzungen, per Fahrrad oder zu Fuß die Bahn zu erkunden. Es gibt zahlreiche Möglichkeiten, die Züge mit den bizarren Felsformationen ins Bild zu setzen. Eines der wohl schönsten Motive findet man im Bahnhof Dahn. Der Jungfernsprung, einer der bekanntesten Wasgaufelsen, bietet hier einen eindrucksvollen Hintergrund unmittelbar neben den Gleisen.

KARLSRUHE–LANDAU (PFALZ)–NEUSTADT (WEINSTR)
PFÄLZISCHE MAXIMILIANSBAHN

Die so genannte „Maxbahn“ von Neustadt (Weinstr) über Landau und Winden (Pfalz) nach Lauterbourg (Frankreich) war einmal eine wichtige Nord-Süd-Verbindung. Neben diversen Schnellzügen, die teilweise zwischen den Niederlanden und Italien verkehrten, nutzten zahlreiche Güterzüge – vor allem für den Kohleverkehr – die zweigleisig ausgebaute Strecke. Die Verbindung nach Karlsruhe war hingegen zunächst weniger bedeutend. Dieses änderte sich erst nach dem Bau einer festen Rheinbrücke im Jahr 1938. Heute ist sowohl die Zeit der Schnellzüge ebenso wie die Zeit des durchgehenden Güterverkehrs vorbei. Dafür hat der Regionalverkehr erheblich zugenommen und wird zwischen Karlsruhe und Wörth (Rhein) sogar elektrisch mit Stadtbahnwagen betrieben. Ansonsten verkehren Regionalbahnen und Regionalexpresszüge in dichtem Takt. Güterverkehr findet nur noch auf Teilstrecken statt, mit Schwerpunkt zwischen Karlsruhe und Wörth (Rhein).

Dem Streckenabschnitt Neustadt (Weinstr)–Landau (Pfalz) folgt ein „Bahnwanderweg“, der durch eine grüne Dampflok auf weißem Grund markiert ist. Hier lässt sich die zweigleisige Strecke bequem per Fahrrad erkunden. Auch südlich von Landau kann das Fahrrad zumindest bis Winden (Pfalz) für eine Exkursion der hier relativ eben verlaufenden Strecke genutzt werden. Etwas schwieriger wird es zwischen Winden und Wörth (Rhein), wo die hier nur noch eingleisige Bahn oft abseits der Straßen und Wege verläuft und hinter Kandel durch den Bienwald führt. Weniger fotogen hingegen ist der südliche wieder zweigleisige Streckenbereich Karlsruhe–Wörth (Rhein). Mechanische Stellwerke sind noch in Kandel, Winden und Wörth (Rhein) in Betrieb. Östlich des Bahnhofs Wörth (Rhein) besteht sogar Gleiswechselbetrieb mit Formsignalen.

AUF EINEN BLICK

Kursbuchstrecke 676

Anbieter DB

Fahrzeuge 145, 185, 189, 294, 612, 628, 642, 643

Streckenlänge 58 km

Highlights Bahnhöfe mit mechanischer Sicherungstechnik in Kandel, Winden und Wörth (Rhein)

Die nördliche Einfahrt nach Landau (Pfalz)

WÖRTH–LAUTERBOURG (SNCF)
BIENWALDBAHN

Die bis 1946 zweigleisige Fernstrecke hatte einmal eine wesentlich größere Bedeutung als heute. Bis zum Ersten Weltkrieg war sie Teil einer wichtigen Nord-Süd-Verbindung mit hochrangigen Schnellzügen wie dem „Riviera-Express oder dem „Lloyd-Express“. Sie verbanden die Nordseehäfen mit Südfrankreich und dem Mittelmeer. Aber auch im Güterverkehr spielte die Strecke seinerzeit eine wichtige Rolle. Heute verkehren auf der eingleisigen Hauptbahn Triebwagen der Baureihe 628 im Stundentakt. Hinzu kommen einige grenzüberschreitende Güterzüge sowie die Bedienung der Kieswerke in Ha-

AUF EINEN BLICK

Kursbuchstrecke 677.1

Anbieter DB

Fahrzeuge 294, 628, Lok der SNCF und priv. EVU

Streckenlänge 14 km

Highlights Bahnhöfe Wörth und Lauterbourg (SNCF) mit Formsignalen

genbach und Neuburg (Anschlussgleise).

Landschaftlich gesehen hat die 14 km lange Bienwaldbahn zwar keine besonderen Höhepunkte zu bieten, dennoch ist sie einen Besuch wert. Schöne Fotomotive findet man im Bereich der Anschlussstelle Hagenbach, an den Altrheingewässern bei Neuburg sowie südlich von Wörth (Rhein). Der abschnittsweise recht üppige Bewuchs links und rechts der Trasse wirkt bei der Motivsuche allerdings mitunter ein wenig störend. Sehenswert ist neben dem noch mit Formsignalen ausgestatten Bahnhof Wörth (Rhein) der französische Bahnhof Lauterbourg mit seinem schönen Empfangsgebäude aus der Kaiserzeit. Auch hier stehen noch Formsignale, die von zwei Stellwerken aus der Nachkriegszeit bedient werden. Weitere Zwischenbahnhöfe gibt es nicht mehr.

WINDEN (PFALZ)–BAD BERGZABERN
PFÄLZISCHE MAXIMILIANSBAHN – KURLINIE

AUF EINEN BLICK

Kursbuchstrecke 678

Anbieter DB

Fahrzeuge 643

Streckenlänge 10 km

Highlights Bahnhof Winden (Pfalz) mit Formsignalen, landschaftlich schöner Abschnitt zwischen Barbelroth und Kapellen

Die kurze Nebenbahn sollte ursprünglich über Bad Bergzabern hinaus durch den Pfälzer Wald bis Landstuhl geführt werden. Andere sahen darin sogar die Keimzelle einer Hauptbahn nach Trier. Doch daraus wurde nichts, das Kurstädtchen Bergzabern blieb Endstation und der Verkehr auf der als erster pfälzischen „Secundärbahn" errichteten Strecke zeitlebens unbedeutend. Rückläufiges Fahrgastaufkommen führte dazu, dass die damalige Deutsche Bundesbahn den Personenverkehr 1981 einstellte, den Güterverkehr aber vorerst beibehielt. Somit blieb die Trasse erhalten und konnte 1995 mit Einführung des Rheinland-Pfalz-Taktes wieder für den Personenverkehr genutzt werden. Seit Dezember 2012 verkehren hier stündlich Triebwagen der Baureihe 643. Der Güterverkehr kam dagegen vollständig zum Erliegen.

Sehenswert sind die beiden Bahnhöfe Winden (Rhein) und Bad Bergzabern mit ihren stattlichen Bahnhofsgebäuden, die sich beide in den Morgenstunden gut fotografieren lassen. In Winden (Pfalz) stehen noch Formsignale. Landschaftlich gesehen ist der Abschnitt Barbelroth–Kapellen recht attraktiv. Hier wird die Nebenbahn von Rebstöcken begleitet, die zur Herbstzeit mit ihren bunten Blättern eine herrliche Kulisse bieten.

(NEUSTADT (WEINSTR)–) WINDEN (PFALZ)–WISSEMBOURG (SNCF)
PFÄLZISCHE MAXIMILIANSBAHN

Die Nebenbahn blickt auf eine wechselvolle Geschichte zurück. Schon im Gefolge des Krieges von 1870/71 ließen die Militärs ein zweites Gleis verlegen, das nach dem verlorenen Ersten Weltkrieg von den Franzosen jedoch wieder abgebaut wurde. Nach 1930 wurde die Strecke erneut durchgehend zweigleisig. 1945 erfolgte der erneute Rückbau auf eingleisigen Betrieb, bevor die Strecke in den folgenden Jahren mehr und mehr in die Bedeutungslosigkeit versank. 1975 verkehrte der letzte Reisezug zwischen Winden (Pfalz und dem französischen Bettembourg, 1992 dann auch der letzte Güterzug. Schließlich war es der Einführung des Rheinland-Pfalz-Takts zu verdanken, dass diese Strecke 1997 im Personenverkehr reaktiviert wurde. Die Züge (Baureihe 643) verkehren seither im Stundentakt, an Wochenenden kommen auch Diesellokomotiven der Baureihe 218 zum Einsatz. Güterverkehr besteht hingegen nicht mehr.

Für den Eisenbahnfotografen sind die beiden Endbahnhöfe der Strecke interessant. In Winden (Pfalz) beeindrucken das stattliche Empfangsgebäude und der relativ dichte Zugverkehr. Hier findet man heute noch immer Formsignale, die von zwei Stellwerken aus gestellt werden. Der Bahnhof im französischen Wissembourg mit seinem morbiden Charme wirkt hingegen einsam und verlassen und erinnert an vergangene, wesentlich lebhaftere Zeiten.

AUF EINEN BLICK

Kursbuchstrecke 679

Anbieter DB

Fahrzeuge 218, 643

Streckenlänge 47 km

Highlights Bahnhöfe Winden (Pfalz) und Wissembourg (SNCF)

SAARBRÜCKEN–SULZBACH–NEUNKIRCHEN (SAAR)–TÜRKISMÜHLE–BAD KREUZNACH–GAU ALGESHEIM (–MAINZ)

Die Hauptbahn zählt zu den landschaftlich schönsten Strecken in Deutschland und ist mit 15 Tunnels, mehr als 50 größeren Brücken und etlichen Bahndämmen aufwändig trassiert. Wer die Eisenbahn in beeindruckender Landschaft fotografieren möchte, der kommt zwischen Bad Münster am Stein und Türkismühle voll auf seine Kosten. Schroffe Felsen, markante Brücken und die noch weitgehend intakte Natur bieten nahezu ideale Bedingungen. Besonders beeindruckend ist das Rotenfels-Massiv zwischen Bad Münster am Stein und Norheim, wo man geradezu eine Aneinanderreihung beeindruckender Fotomotive findet. Im weiteren Verlauf wird die Bahn vielfach von Weinbergen begleitet, wobei sie vor allem westlich von Idar-Oberstein nicht immer ganz einfach zu erreichen ist.

Die Strecke ist durchgehend zweigleisig und wird mit Triebwagen der Baureihen 628 und 643 im Regionalbahnverkehr befahren. Hinzu kommen Regionalexpresszüge mit der Baureihe 612, die jedoch nicht an allen Stationen halten. Durchgehende Güterzüge gibt es planmäßig nicht mehr.

Südlich von Türkismühle auf saarländischem Gebiet ist die durchgehend zweigleisige Strecke mit Fahrdraht versehen. Hier sind Regionalbahntriebwagen der Baureihen 425 und 426 unterwegs. Starker Güterverkehr herrscht südlich des Keilbahnhofs Neuenkirchen, wo die Strecke aus Homburg (Saar) auf die Nahebahn trifft. Befördert wird hier u. a. „Weltmarktkohle" für die Kraftwerke an der Saar, die noch bis vor einigen Jahren von den Saarbergwerken versorgt wurden. 2012 wurde als letzte die Grube Ensdorf geschlossen.

AUF EINEN BLICK

Kursbuchstrecke 680

Anbieter DB

Fahrzeuge 151, 185, 218, 612, 628, 643, 425, 426, Lok privater EVU

Streckenlänge 166 km

Highlights Felslandschaft östlich von Bad Münster am Stein, Region um Türkismühle

Der Hangviadukt bei Pünderich zählt zu den bekanntesten Bauwerken der Moselstrecke

KOBLENZ–COCHEM–TRIER
MOSELSTRECKE

AUF EINEN BLICK

Kursbuchstrecke 690

Anbieter DB

Fahrzeuge 111, 143, 151, 152, 155, 185, 189, 425, 426, 442, 612, 628, 643, Lok privater EVU und der SNCF

Streckenlänge 112 km

Highlights Hangviadukt Pünderich mit Prinzenkopftunnel, Doppelstockbrücke bei Bullay, Streckenverlauf zwischen Winningen und Cochem entlang der Mosel

Die zweigleisige elektrifizierte Hauptbahn verbindet das Rheintal mit Luxemburg und Frankreich und ist mit Reise- und Güterzügen dicht belegt. Gebaut wurde die technisch sehr aufwändige Moselstrecke nach Gründung des zweiten Deutschen Kaiserreichs ab 1874 vor allem aus strategischen Gründen. Sie war Teil der so genannten Kanonenbahn Berlin–Metz, die später eine wichtige Rolle im Montanverkehr zwischen dem Ruhrgebiet und dem Saarland sowie Lothringen spielen sollte. Auch heute noch befahren zahlreiche grenzüberschreitende Güterzüge die landschaftlich sehr schöne Strecke, darunter 5.000-Tonnen-Erzzüge in der Relation Rotterdam–Dillingen (Saar) sowie etliche Ganzzüge mit Kohle und Koks. Der Fernreisezugverkehr hingegen wurde in den letzten Jahren bis auf zwei IC-Zugpaare zurückgefahren, während dem Nahverkehr nach wie vor eine wichtige Rolle beigemessen wird. Regionalexpresszüge und Regionalbahnen verkehren teilweise im Halbstundentakt.

Die Hauptbahn überquert vom Koblenzer Hauptbahnhof auf der Gülser Eisenbahnbrücke die Mosel und folgt dem Flusslauf auf der Nordseite auf einer Länge von rund 55 km. In diesem Bereich findet der Eisenbahnfotograf eine Vielzahl lohnenswerter Fotopunkte. Hinter Cochem führt die Bahn durch den 4.205 m langen Kaiser-Wilhelm-Tunnel und vermeidet dadurch den Umweg um den Cochemer Krampen. Unmittelbar hinter dem Tunnel wechselt die Strecke die Moselseite, um kurz hinter Bullay auf einer Doppelstockbrücke, die auch dem Straßenverkehr dient, auf die Nordseite zurückzukehren. Bei Pünderich, unmittelbar westlich des Prinzenkopftunnels, folgt der längste Hangviadukt einer Eisenbahnstrecke in Deutschland mit einer Gesamtlänge von 786 m. Mit seinen 92 Gewölbeöffnungen zählt er zu den bekanntesten und attraktivsten Fotomotiven der Moselstrecke. Nach dem Durchfahren des Reilerhalstunnels verlässt die Bahn das Moseltal und führt durch eine leicht hügelige Landschaft über Wittlich nach Südwesten. Schließlich erreicht sie bei Schweich erneut das Moseltal und führt bei Pfalzel im Stadtgebiet von Trier ein viertes Mal über die Mosel.

BULLAY–TRABEN-TRARBACH
MOSELWEINBAHN

Die landschaftlich überaus reizvolle Nebenbahn verbindet die Moselstrecke mit dem bekannten Ferienort Traben-Trarbach. Auch wenn sie für den Fremden- und Ausflugsverkehr stets eine wichtige Rolle spielte, gab es in der Vergangenheit seitens der Deutschen Bundesbahn immer wieder Versuche, sie stillzulegen. Dieses Vorhaben konnte jedoch verhindert werden, lediglich der nie besonders bedeutende Güterverkehr wurde 1991 aufgegeben. Im Jahr 2001 übernahm die Trans-Regio Deutsche Regionalbahn GmbH den Betrieb mit Triebwagen vom Typ RegioShuttle (RS1), seit 2008 ist die Deutsche Bahn erneut die Betriebsführerin. Die Streckenführung im schönen Moseltal lässt dem Eisenbahnfotografen kaum Wünsche offen. Auf weiten Strecken führt das von einer althergebrachten Telefonfreileitung begleitete Gleis durch die Weinberge. Ein besonders schönes Motiv findet man in der Ortschaft Reil mit einem kleinen Viadukt vor der dortigen Kirche. Sehenswert sind auch die Felspartien zwischen Reil und Kövenig.

AUF EINEN BLICK

Kursbuchstrecke 691

Anbieter DB

Fahrzeuge 628

Streckenlänge 13 km

Highlights Ortsdurchfahrt Reil mit kleinem Viadukt, Felspartien zwischen Reil und Kövenig

Die modernen RegioShuttle des Anbieters Trans-Regio wurden inzwischen durch ältere Triebwagen der Baureihe 628 der Deutschen Bahn ersetzt (Reil, März 2002)

AUF EINEN BLICK

Kursbuchstrecke 692

Anbieter DB

Fahrzeuge 185, 425, 426, BB37000 SNCF, Lok private EVU

Streckenlänge 47 km

Highlights Streckenbereich um Wincheringen mit Moselblick

TRIER–PERL (–METZ VILLE)
OBERMOSELSTRECKE

Der Mangel an leistungsfähigen Nachschublinien im Falle einer militärischen Auseinandersetzung mit Frankreich veranlasste Preußen in den Jahren 1875–1880 zum Bau der so genannten „Kanonenbahn" Berlin–Metz. Während Teile davon – von den Jahren der beiden Weltkriege einmal abgesehen – zu keiner Zeit besondere Bedeutung erlangen konnten, wurde die zweigleisige Obermoselstrecke später zu einer wichtigen Fernverbindung im deutsch-französischen Güterverkehr. Neben zahlreichen Güterzügen, die zur Vermeidung eines Lokwechsels in Ehrang seit einigen Jahren durchgehend mit Mehrssystemlokomotiven der Baureihen 185 (Deutsche Bahn AG) und BB 37000 (SNCF) gefahren werden, sieht man im regionalen Reisezugverkehr Trier Hbf–Perl planmäßig Triebwagen der Baureihen 425/426. An Wochenenden verkehren zusätzlich zwei Zugpaare mit französischen X 73900-Triebwagen als Regionalexpress zwischen Trier und Metz Ville.

Die landschaftlich schön gelegene Strecke folgt dem bogenreichen Verlauf der Mosel und hält so manches schöne Fotomotiv bereit. Empfehlenswert ist vor allem der Bereich um Wincheringen, wo sich Bahn und Mosel teilweise sehr nahe kommen. Die Bahnhöfe blieben bislang von Rückbauten weitgehend verschont.

Regionalbahn nach Perl in Palzem mit der Mosel im Hintergrund

TRIER–WASSERBILLIG (–LUXEMBOURG)

MOSEL-SYRETAL-STRECKE

InterCity nach Luxemburg mit einer Lok der Baureihe 181 bespannt auf der Moselbrücke bei Konz

Die weitgehend zweigleisige, elektrifizierte Strecke ist die einzige Eisenbahnverbindung zwischen Deutschland und Luxemburg. Sie wird von zahlreichen überregional verkehrenden Reise- und Güterzügen befahren, und auch der grenzüberschreitende Nahverkehr ist von Bedeutung. Zwei betriebliche Engpässe auf deutschem Gebiet verhindern eine weitere Verdichtung des Zugverkehrs. Neben dem eingleisigen Abschnitt zwischen dem Bahnhof Igel und der Überleitstelle Igel West bildet die Moselbrücke in Konz einen Engpass.

Besondere Höhepunkte sowohl technischer als auch landschaftlicher Art hat die Strecke mit Ausnahme der Brücken über Mosel und Sauer auf deutscher Seite nicht zu bieten. Wesentlich ergiebiger ist der Streckenverlauf hingegen auf luxemburgischer Seite.

AUF EINEN BLICK

Kursbuchstrecke 693

Anbieter DB

Fahrzeuge 181, 185, 628, Lok privater EVU und der SNCF

Streckenlänge 14 km

Highlights Moselbrücke bei Konz

EISWOOG–RAMSEN WEST
STUMPFWALDBAHN

AUF EINEN BLICK

Anbieter Stumpfwaldbahn Ramsen e.V.

Fahrzeuge Dampf- und diesellokomotiven

Streckenlänge 3 km

Internet: www.stumpfwaldbahn.de

Highlights betrieblicher Mittelpunk unterhalb des Eiswoog-Viadukts mit kleinem Bahnhofsgebäude, Wasserturm und Drehscheibe

Rund um die Orte Eisenberg und Hettenleidelheim gab es einst eine Vielzahl von 500- und 600-mm-Feldbahnen, die dem Transport von Klebsand, Letten und Ton dienten. Um diesen ein lebendiges Denkmal zu setzen, beschloss der Verein Stumpfwaldbahn Ramsen e.V. den Aufbau einer Museumsbahn. Der Ausgangspunkt der drei Kilometer langen Strecke befindet sich neben dem Parkplatz unterhalb des Eiswoog-Viadukts. Neben mehreren Gleisen, Wasserturm und Drehscheibe wurde hier ein kleines Bahnhofsgebäude in Fachwerkbauweise errichtet. Die Strecke verläuft ausnahmslos entlang der Waldwege und kann sehr gut erwandert werden. Leider lässt der dichte Wald der Sonne häufig nur wenige Chancen. Zwischen den Kreuzungspunkten Bocksbachtal und Wasserhaus kommen sich die Bahnen beider Spurweiten recht nahe. Hoch über dem Gleis der Stumpfwaldbahn erhebt sich hier der Bockbachtalviadukt der Eistalbahn.

Gefahren wird an Sonn- und Feiertagen während der Sommermonate, wobei vorwiegend eine DIEMA-Lok aus dem Jahre 1956 mit offenen und halboffenen vierachsigen Personenwagen eingesetzt wird. An jedem zweiten Sonntag im Monat kommt auch eine Dampflok zum Einsatz.

GEROLSTEIN–ULMEN–KAISERSESCH
EIFELQUERBAHN

AUF EINEN BLICK

Anbieter Vulkan-Eifel-Bahn Betriebsgesellschaft mbH

Fahrzeuge Dieseltriebwagen

Streckenlänge 35 km

Internet www.eifelquerbahn.de

Highlights Straßenüberführung bei Pelm mit Eifelstrecke, dem Flüsschen Kyll und der Kasselburg

Ihren planmäßigen Reisezugverkehr verlor die Strecke 1991, der regelmäßige Güterverkehr folgte sieben Jahre später. Kaum war der letzte Zug gefahren, gab es Bemühungen, die nunmehr vom Abriss bedrohte Strecke zumindest für den Tourismusverkehr am Leben zu erhalten. 2001 konnten in den Sommermonaten erstmals regelmäßige Fahrten mit einem Schienenbus zwischen Gerolstein und Ulmen durchgeführt werden, die auch in den folgenden Jahren Bestand hatten. Durchgeführt wird der vom Zweckverband Rheinland-Pfalz bestellte und finanziell geförderte Freizeitverkehr von der Vulkan-Eifel-Bahn. Die Züge verkehren jeweils in den Sommermonaten (1. Mai bis zum 31. Oktober), wobei in den Ferienmonaten Juli und August sogar täglich gefahren wird und die Züge an Wochenenden bis Kaiseresch durchfahren. Wegen der großen Nachfrage kommt öfters eine Dampflok zum Einsatz.

Inzwischen jedoch sind Wolken aufgezogen, nachdem die für 2014 geplante Reaktivierung der Strecke für den ganzjährigen Reise- und Güterzugverkehr an der Haltung einiger „Provinz-Politiker" zu scheitern droht. Es ist also fraglich, ob die schöne Eifelregion um Daun und Ulmen auch in Zukunft per Bahn erlebt werden kann. Die Strecke jedenfalls bietet dem Eisenbahnfreund viele schöne Fotomotive, auch wenn vielerorts dichter Bewuchs die freie Sicht behindert. Eine der schönsten Fotostellen findet man auf einer Straßenüberführung beim Hp Pelm mit dem Flüsschen Kyll und der Kasselburg im Hintergrund.

LINZ–KALENBORN
KASBACHTALBAHN

Ursprünglich diente die Nebenbahn Linz–Flammersfeld der Abfuhr von Basalt und Erz. Die starken Steigungen von bis zu 57‰ erforderten vier Zahnstangenabschnitte, erst 1931 wurde durchgehend der Reibungsbetrieb eingeführt. Nachdem bereits 1960 der letzte Personenzug auf der infolge von Kriegsschäden auf den Abschnitt Linz–Neustadt verkürzten Strecke gefahren war, endete sechs Jahre später östlich von Kalenborn auch der Güterverkehr. Das Teilstück Linz–Kalenborn blieb noch gute 30 Jahre für den Abtransport von Basalt in Betrieb. Letztmalig verkehrte hier im Mai 1995 ein Güterzug.

Im Jahr 1999 wurde der Personenverkehr zwischen Linz und Kalenborn mit einem Schienenbus wieder aufgenommen. Gefahren wird seither jeweils an Wochenenden zwischen Ostern und Dezember im Stundentakt. Wer gerne fotografieren möchte, dem kann ein stets in Bahnnähe verlaufender Wanderweg empfohlen werden. Schöne Fotopunkte findet man vor allem in der Ortslage Kasbach mit Rheinblick und Viadukt. Weiter östlich zeugen zahlreiche Einschnitte und Dämme von der schwierigen Topografie der erhaltenswerten Bahnlinie.

AUF EINEN BLICK

Anbieter Eifelbahn-Verkehrsgesellschaft mbH

Fahrzeuge Schienenbus

Streckenlänge 9 km

Internet www.kasbachtalbahn.de

Highlights Ortslage Kasbach mit Rheinblick und Viadukt

(NEUSTADT–) LAMBRECHT (PFALZ)–ELMSTEIN
KUCKUCKSBÄHNEL

Die in Lambrecht (Pfalz) von der Hauptbahn Mannheim–Saarbrücken abzweigende Nebenbahn nach Elmstein verlor schon 1954 ihren Personenverkehr, wurde aber noch bis 1977 von der Deutschen Bundesbahn im Güterverkehr betrieben. Nach ersten Überlegungen in den 1970er-Jahren wurde 1984 aus der stillgelegten Bahnlinie eine Museumsbahn, nachdem es zuvor zur Gründung der „Kuckucksbähnel-Bahnbetriebs-GmbH" und des Fördervereins „Kuckucksbähnel" gekommen war.

Im Regelverkehr wird vornehmlich die Dampflok „Speyerbach" eingesetzt. Bei schweren Zügen mit mehr als zehn Personenwagen erhält sie Unterstützung durch die Dampflok 89 7159 (pr. T3). Bei Ausfall einer Dampflok kommt ersatzweise eine Diesellok vom Typ V 36 zum Einsatz.

Die ersten Kilometer von Neustadt (Pfalz) bis Lambrecht (Pfalz) werden auf der zweigleisigen Hauptbahn nach Saarbrücken zurückgelegt, wobei der 332 m lange Wolfsbergtunnel durchfahren wird. Hinter Lambrecht (Pfalz) beginnt die eigentliche 13 km lange Museumsbahn mit ihren vielen engen Bögen und Steigungen. Es gibt eine Vielzahl schöner Fotomotive. Damit auch der Zugreisende auf seine Kosten kommt, wird in Fahrtrichtung Elmstein im Unterwegsbahnhof Erfenstein ein fünfminütiger Fotohalt eingelegt. Gute Fotogelegenheiten werden dem Reisenden aber auch in Elmstein geboten, wo die Dampfloks jeweils mit Kohle und Wasser versorgt werden, um für die Rückfahrt gerüstet zu sein.

AUF EINEN BLICK

Anbieter Deutsche Gesellschaft für Eisenbahngeschichte

Fahrzeuge Dampflokomotiven

Streckenlänge 3 km

Internet www.eisenbahnmuseum-neustadt.de/kuckuck.html

Highlights Bahnhöfe Erfenstein und Elmstein

Kohlenzug zum Kraftwerk Weiher bei der Durchfahrt durch den Bahnhof Merchweiler

SAARBRÜCKEN–NEUNKIRCHEN (SAAR)/LEBACH-JABACH

AUF EINEN BLICK

Kursbuchstrecke 681

Anbieter DB

Fahrzeuge 151, 185, 186, 294/295, 425, 426 628, Lok priv. EVU

Streckenlänge 48 km

Highlights Bahnhof Merchweiler mit Doppeltunnel

Die Bahnverbindung besteht aus zwei Teilstrecken, die aus ganz unterschiedlichen Gründen gebaut wurden. Während die elektrifizierte zweigleisige Fischbachbahn Saabrücken–Wemmetsweiler–Neunkirchen (Saar) den Kohlengruben im Fischbachtal zu einem Bahnanschluss verhalf und auch für den Durchgangsverkehr zeitweise eine wichtige Rolle spielte, diente die in Wemmetsweiler anschließende und bis Illingen (Saar) elektrifizierte Illtalbahn der Erschließung weiter nördlich gelegener landwirtschaftlich genutzter Regionen und hatte vor allem Bedeutung für den Arbeiterverkehr zu den Gruben und Hüttenwerken. Der Niedergang der Montanindustrie hat ebenso wie der allgemeine Rückzug der Bahn aus der Fläche vor allem im Güterverkehr deutliche Spuren hinterlassen. Während im Fischbachtal nur noch wenige Güterzüge verkehren, ist der Güterverkehr nördlich von Wemmetsweiler vollständig zum Erliegen gekommen. Im Reisezugverkehr verkehren stündlich Regionalbahnen mit Triebwagen der Baureihe 628 mit Verdichtern in den Hauptverkehrszeiten, die entweder Lebach-Jabach oder aber Neunkirchen (Saar) zum Ziel haben.

Das wohl beste Fotomotiv der Strecke ist der Bahnhof Merchweiler mit den beiden Tunnelröhren im Hintergrund. Von einer Fußgängerbrücke aus kann man hier unter anderem die Kohlenzüge zum Kraftwerk Weiher sehr gut fotografieren. Lohnenswert sind auch die beiden weiter nördlich gelegenen Bahnhöfe Eppelborn und Lebach mit ihren Formsignalen. Aber auch auf freier Strecke zwischen Illingen und Lebach findet man so manchen schönen Fotopunkt.

SAARBRÜCKEN–GRENZE–FORBACH (SNCF)

AUF EINEN BLICK

Kursbuchstrecke 682

Anbieter DB, SNCF

Fahrzeuge 185, 403, SNCF X 73900, 437000 und 461000

Streckenlänge 17 km

Die Strecke ist ein Teil der ersten Preußischen Staatsbahn, die, auch als „Saarbrücker Bahn" bezeichnet, ab 1852 das ostfranzösische Eisenbahnnetz in Forbach mit der Strecke Bexbach–Rheinschanze (–Mannheim) verband und bald zu einer der wichtigsten europäischen Fernstrecken wurde. Auch heute noch dient sie dem Fernverkehr mit Frankreich. Es verkehren planmäßige ICE-Züge in der Relation Frankfurt (Main)–Paris Est sowie etliche grenzüberschreitende Güterzüge. Im Regionalverkehr besteht zwischen Saarbrücken Hbf und Forbach bzw. Metz Ville ein zweistündiger Grundtakt mit Verdichtern an Werktagen.

Für den Eisenbahnfotografen hat der kurze Streckenabschnitt auf deutschem Gebiet kaum etwas zu bieten. Neben dem Abzweig Saardamm in der Nähe der Saarbrücke (nachmittags) ist eine Wegeüberführung kurz vor der Grenze zu empfehlen. Wesentlich mehr Auswahl besteht auf französischer Seite, wo u. a. der Bahnhof Forbach mit seinem langgestreckten Bahnhofsgebäude einen Besuch wert ist.

Güterzug aus Metz Woippy kurz hinter der deutsch-französischen Grenze bei Saarbrücken

ILLINGEN (SAAR)–NEUNKIRCHEN (SAAR)–HOMBURG (SAAR)

AUF EINEN BLICK

Kursbuchstrecke 683

Anbieter DB

Fahrzeuge 151, 152, 155, 294, 295, 425, 426, Lok priv. EVU

Streckenlänge 25 km

Der Abschnitt Neunkirchen (Saar)–Homburg (Saar) war einst Teil einer internationalen Fernverbindung zwischen Deutschland und Frankreich. Diese Funktion verlor die Strecke später mit Schaffung einer Direktverbindung zwischen Homburg (Saar) und Saarbrücken Hbf, doch dafür spielte sie nun eine wichtige Rolle als Abfuhrstrecke für den Steinkohlenbergbau des Saarlandes. Auch wenn im Jahr 2012 die letzte Grube geschlossen wurde, läuft über die zweigleisige elektrifizierte Strecke Neunkirchen (Saar)–Homburg (Saar) nach wie vor reger Güterverkehr, u. a. mit Frankreich. Die sich anschließende, ebenfalls mit elektrischer Fahrleitung versehene Teilstrecke über Wemmetsweiler nach Illingen (Saar) hingegen dient heute in erster Linie dem Reisezugverkehr, der im Stundentakt mit einzelnen Verdichtern durchgeführt wird. Zwischen Neunkirchen (Saar) und Homburg (Saar) besteht dagegen ein halbstündiges Angebot.

Für den Eisenbahnfotografen ist die Strecke leider nicht besonders attraktiv. Sie ist in weiten Teilen stark zugewachsen und verläuft vielfach auf unzugänglichen Bahndämmen. Lohnenswert ist der Bahnhof Neunkirchen (Saar) mit seinen umfangreichen Gleisanlagen, ferner der Bahnhof Wemmetsweiler sowie der Streckenabschnitt Bexbach–Homburg (Saar).

Regionalbahn nach Homburg (Saar) bei der Einfahrt in den Bahnhof Neunkirchen (Saar)

Stadtbahntriebwagen der Saarbahn im früheren Bahnhof Kleinblittersdorf

SAARBRÜCKEN–HANWEILER–BAD RILCHINGEN (–SARREGUEMINES)

OBERE SAARSTRECKE

AUF EINEN BLICK

Kursbuchstrecke 684

Anbieter SNCF, Saarbahn

Fahrzeuge 152,185, 294/295, S 1009 der Saarbahn (Bombardier), Tw X 73900 der SNCF

Streckenlänge 17 km

Die in sie gesetzten Erwartungen erfüllte die als Teil einer Fernverkehrsmagistrale von Nordfrankreich in die Schweiz geplante Bahnverbindung nicht, lediglich im Steinkohleverkehr zwischen dem Saarrevier und der Schweiz spielte sie zeitweise eine wichtige Rolle. Heute verkehren hier Regionalexpresszüge Saarbrücken Hbf–Strassbourg im Zweistundentakt mit zusätzlichen Fahrten während der Hauptverkehrszeiten. Im Nahverkehr kommen Mehrsystemstadtbahnwagen der Saarbahn zum Einsatz, die aus der Saarbrücker Innenstadt heraus bis ins französische Sarreguemines verkehren. Der Güterverkehr beschränkt sich auf die Bedienung der Bahnhöfe Auersmacher (Kalkwerk) und Brebach sowie gelegentliche Sonderleistungen.

Gute Fotopunkte auf freier Strecke sind aufgrund des durchgehend starken Bewuchses kaum zu finden. Empfohlen werden können jedoch die Bahnhöfe Brebach und Auersmacher sowie der Haltepunkt Bübingen. Neben der Saarbrücke im Grenzbereich bietet auch das Umfeld des französischen Bahnhofs Sarreguemines einige brauchbare Motive.

SAARBRÜCKEN–TRIER

SAARSTRECKE

Die zweigleisige elektrifiziert Hauptbahn war stets eine wichtige Verbindung für den Montanverkehr zwischen dem Ruhrgebiet und dem Saarland sowie Lothringen. Sie führt von Saarbrücken aus zunächst durch die Bergbau- und Stahlregion des Saarlandes. Erst hinter Merzig tritt die Industrie in den Hintergrund. Ab hier folgt die Bahn mit zum Teil sehr engen Radien in landschaftlich schönem Umfeld den endlosen Schleifen des Flusses in Richtung Trier. Lediglich die bekannte große Saarschleife bei Mettlach wird durch einen Tunnel abgekürzt.

Viele Jahre lang dominierte schwerer Güterverkehr den Bahnbetrieb im Saartal, wobei den sehr umfangreichen Erztransporten vom Nordseehafen Emden eine besondere Bedeutung zukam. Eine wesentliche Rolle spielte auch der Kohleverkehr der Saargruben. Inzwischen ist der Montanverkehr nach Stilllegung aller Steinkohlenbergwerke und einem massiven Schrumpfungsprozess in der Stahlproduktion zwar erheblich zurückgegangen, dennoch ist er weiterhin von Bedeutung. Zwischen Dillingen und Völklingen wird sogar noch Flüssigeisen mit so genannten „Suppenzügen" befördert. Der schon immer rege Reisezugverkehr ist auch heute noch bedeutend, allerdings wurden die letzten InterCity-Züge 2002 von der Strecke genommen. Neben stündlich verkehrenden Regionalexpresszügen mit der Baureihe 143 kommen Triebwagen der Baureihen 425 und 426 im Regionalverkehr zum Einsatz. Vor schweren Güterzügen sind häufig Lokomotiven der Baureihen 151 und 185, häufig auch in Doppeltraktion, zu sehen.

Dem Eisenbahnfotografen bietet die Strecke eine Fülle von Fotomotiven, besonders im Bereich nördlich von Merzig. Rund um Kanzem, Saarburg (Bez Trier), Serrig und Wiltingen (Saar) lassen sich aus den Weinbergen heraus auch lange Züge in herrlicher Landschaft abbilden. Bei Taben hingegen können von der gegenüberliegenden Flussseite Züge vor einem riesigen Steinbruch abgelichtet werden, während im südlichen Bereich interessante Motive mit Industrieanlagen im Hintergrund zu finden sind. Herausragend ist hier die Völklinger Hütte, die sich zusammen mit Flüssigeisenzügen sehr gut vom Bahnsteig des dortigen Bahnhofs aus fotografieren lässt.

AUF EINEN BLICK

Kursbuchstrecke 685

Anbieter DB

Fahrzeuge 143, 145, 151, 152, 182,185, 189, 294, 295, 425, 426, Lok SCNC und priv. EVU

Streckenlänge 88 km

Highlights Bahnhof Luisenthal mit ehem. Bergwerk.

Bahnhof Völklingen mit ehem. Hüttenwerk

Landschaftsmotive mit Saarblick bei Wiltingen (Saar)

Flüssigeisenzüge Dillingen - Völklingen

Steinbruch bei Taben

Ein Triebwagen der Baureihe 426 vor den beiden Schachtgerüsten der stillgelegten Grube Luisenthal.

AUF EINEN BLICK

Kursbuchstrecke 687

Anbieter DB

Fahrzeuge 628, Lok SCNF und priv. EVU

Streckenlänge 12 km

Highlights Stahlbrücke über das Ihnerbachtal

Einschnitt bei Siersburg

Streckenverlauf auf französischem Gebiet

DILLINGEN (SAAR)–NIEDALTDORF

NIEDTALBAHN

Die heute eingleisige, fahrdrahtlose Hauptbahn entstand in erster Linie aus strategischen Erwägungen. Sie sollte bei einem möglichen Aufmarsch gegen Frankreich eine wichtige Rolle spielen und erhielt schon bald ein zweites Gleis. Nach 1945 wurde aus der zweigleisigen strategischen Bahn eine eingleisige Strecke des Montanverkehrs, der noch heute – in allerdings deutlich geringerem Umfang – fortbesteht. Reisezüge verkehren dagegen nur noch zwischen Dillingen und Niedaltdorf.

Nach dem Überqueren der Saar führt die Bahn zunächst durch das weit ausladende Tal der Nied und erreicht vor dem Haltepunkt Siersburg einen Ausläufer des Hoesberges, der in einem tiefen Einschnitt durchfahren wird. Nächste Station ist der Bahnhof Hemmersdorf, der als letzter noch für Zugkreuzungen genutzt werden kann. Wenige Kilometer weiter folgt ein weiterer tiefer Einschnitt, hier befand sich früher der 180 m lange Niedaltdorfer Tunnel. Unmittelbar danach endet der Personenverkehr am 1937 eröffneten Haltepunkt Niedaltdorf. Die weiterführende, ab hier nur dem Güterverkehr vorbehaltene Strecke ins französische Bouzonville überquert wenig später auf einer Stahlbrücke das Ihnerbachtal, passiert kurz darauf auf französischem Gebiet den ehemaligen Bahnhof Guerstling und erreicht ausgedehnte Waldgebiete. Kurz vor Bouzonville führt das Gleis durch zwei Tunnel und erreicht die Hauptbahn Bening–Thionville.

MUSEUMS- UND TRADITIONSBAHNEN DES SAARLANDES MERZIG–LOSHEIM–DELLBORNER BRÜCKE

MERZIG-BÜSCHFELDER EISENBAHN

Die Abtrennung des Saarlandes von Deutschland nach dem Zweiten Weltkrieg brachte die Merzig-Büschfelder Eisenbahn in wirtschaftliche Schwierigkeiten, von denen sie sich auch später nicht wieder erholen konnte. Um den Betrieb zumindest eingeschränkt weiterführen zu können, wurde der Personenverkehr bis 1962 aufgegeben und der östliche Teil der Strecke zwischen Nunkirchen und Büschfeld für den Gesamtverkehr stillgelegt. 2001 entfiel auch der restliche Güterverkehr, konnte ab 2007 für das Homanitwerk in Liederlosheim aber zeitweise wieder aufgenommen werden.

Bereits Anfang der 1980er-Jahre hatte sich der Museums-Eisenbahn-Club Losheim (MECL) mit dem Ziel

Historischer Dampfzug auf der landschaftlich schönen Strecke bei Losheim

gegründet, auf der Strecke einen historischen Zugverkehr aufzunehmen. Der Verein unterhält die inzwischen denkmalgeschützte Strecke und führt vor allem in den Sommermonaten Zugfahrten mit Dampflokomotiven ehemaliger Saarbergwerke und einer mustergültig restaurierten „Donnerbüchsen"-Garnitur sowie ehemaligen MBE-Personenwagen durch.

Die Streckenführung in der hügeligen Landschaft mit der langgezogenen, bogenreichen Steigung zwischen Bachem und Losheim bietet dem Fotofreund einige schöne Motive, auch wenn die Strecke nicht immer leicht zugänglich ist. Im Bahnhof Losheim befindet sich der betriebliche Mittelpunkt der Bahn. Im dortigen Lokschuppen befindet sich ein kleines Museum zur Geschichte der MBE. Auch kann hier ein historischer Wasserkran im Betrieb vorgeführt werden.

AUF EINEN BLICK

Anbieter Museums-Eisenbahn-Club Losheim am See

Fahrzeuge Dampf- und Diesellokomotiven

Streckenlänge 15 km

Internet www.museums-bahn-losheim.de

Highlights Streckenführung zwischen Bachem und Losheim

OTTWEILER–SCHWARZERDEN
OSTERTALBAHN

Die frühere Bundesbahnstrecke verlor 1980 ihren Personenverkehr und gut 20 Jahre später verkehrte auch der letzte Güterzug. Um eine Gesamtstilllegung und damit den drohenden Rückbau der Strecke zu verhindern, übernahm der Landkreis St. Wendel im Jahr 2001 die Infrastruktur der früher über Schwarzerden hinaus bis Kusel führenden Nebenbahn. Seither führt der Arbeitskreis Ostertalbahn hier einen historischen Zugverkehr durch.

Die landschaftlich schöne Strecke im nordöstlichen Saarland beginnt in Ottweiler an der Nahebahn und führt durch eine recht abwechslungsreiche hügelige Landschaft aus Wiesen, Feldern und einigen größeren Waldgebieten. Markantestes Ingenieurbauwerk ist die 83 m lange Talbrücke in Haupersweiler. Die in der Regel mit historischen Diesel- und manchmal auch mit Dampflokomotiven betriebene 21 km lange Nebenbahn verlor schon vor Jahren sämtliche Unterwegsbahnhöfe. Nebengleise findet man lediglich noch in Schwarzerden, dem betrieblichen Mittelpunkt der Touristikbahn.

AUF EINEN BLICK

Anbieter Arbeitskreis Ostertalbahn e.V.

Fahrzeuge Diesel- und gelegentlich Dampflokomotiven

Streckenlänge 21 km

Internet www.ostertal-bahn.de.de

Highlights Talbrücke bei Haupersweiler

Bei Villmar im schönen Lahntal eilt ein Regionalexpress in Richtung Limburg. Die Strecke Koblenz–Limburg–Gießen zählt zu den schönsten Hessens

HESSEN

AUF EINEN BLICK

Kursbuchstrecke 610

Anbieter cantus Verkehrsgesellschaft

Fahrzeuge 101, 111, 145, 151, 152, 185, 189, 294, Flirt (Stadler) Lok priv. EVU

Streckenlänge 114 km

Highlights Tunnel bei Guxhagen und Beiseförth, Fuldabrücke bei Kassel

KASSEL–BEBRA–FULDA

FULDATALBAHN

Der Südteil Bebra–Fulda der durchgehend zweigleisigen, elektrifizierten Fuldatalbahn spielte bis zum Ende des Zweiten Weltkrieges eine wichtige Rolle im Fernverkehr Frankfurt (Main) -Leipzig. Infolge der deutschen Teilung nahm der Nord-Süd-Verkehr nach 1945 zwischen Hannover und Frankfurt (Main) stark zu, so dass nun auch der nördliche Teil der Strecke zwischen Kassel und dem Knoten Bebra wesentlich stärker ausgelastet war. Der Verkehr in Ost-West-Richtung hingegen verlor erheblich an Bedeutung. Erst mit dem Fall der innerdeutschen Grenze 1989 und Eröffnung der Schnellfahrtstrecke Hannover–Würzburg im Jahr 1991 änderten sich die Verhältnisse wieder. Heute verkehren im Fuldatal vornehmlich Güterzüge in dichter Folge. Den Regionalverkehr übernahm am 10. Dezember 2006 die cantus Verkehrsgesellschaft mit modernen Nahverkehrstriebwagen vom Typ „Flirt“. Hinzu kommen im Bereich Kassel–Melsungen stündlich Fahrten der Regio-Tram Kassel. Zwei Regional-Express-Zugpaare von DB Regio Frankfurt (Main)–Bebra ergänzen im südlichen Teil der Fuldatalbahn das Angebot im Berufsverkehr.

Die landschaftlich schöne Strecke mit zahlreichen Fotomotiven folgt mit windungsreichem Streckenverlauf ab Kassel dem Fuldatal und führt über Melsungen (KLV-Terminal) zunächst nach Bebra mit den hier abzweigenden Hauptbahnen in Richtung Hannover und Leipzig. Hinter Bad Hersfeld überwindet die Bahn einen Bergrücken und erreicht das Tal der Haune, bevor sie in Fulda wieder ins Fuldatal zurückkehrt.

Regionalbahn der cantus Verkehrsgesellschaft bei der Einfahrt in den Bahnhof Guxhagen

AUF EINEN BLICK

Kursbuchstrecke 611

Anbieter cantus Verkehrsgesellschaft

Fahrzeuge 101, 143, 145, 151, 152, 185, 189, 294, Flirt (Stadler), RegioShuttle RS 1 (Stadler), Lok priv. EVU

Streckenlänge 51 km

Highlights Bahnhof Eichenberg, Streckenverlauf zwischen Hedemünden und Eichenberg

KASSEL–EICHENBERG (-GÖTTINGEN)

Die Strecke ist ein Teil der „Halle-Kasseler Bahn“, die bis zum Ende des Zweiten Weltkriegs für den Ost-West-Fernverkehr von Bedeutung war. Als der Eiserne Vorhang die Strecke 1945 östlich von Eichenberg unterbrach, übernahm der Abschnitt Kassel–Eichenberg einen Teil des überregionalen Verkehrs Hannover–Frankfurt (Main) und ersetzte später die traditionelle, steigungsreiche Strecke der früheren Hannoverschen Staatsbahn über Dransfeld. Mit dem Ende der DDR rückte die seit 1990 wieder durchgehend befahrbare Strecke aus ihrer Randlage im Grenzgebiet zurück ins Zentrum des wiedervereinigten Deutschlands und dient heute vor allem dem überregionalen Güterverkehr. Fernreisezüge verkehren dagegen zwischen Kassel und Eichenberg planmäßig nicht. Den recht dichten Regionalverkehr teilen sich die Züge der cantus Verkehrsgesellschaft und der Erfurter Bahn jeweils im Stundentakt. Hinzu komme alle zwei Stunden in beiden Richtungen Regionalexpresszüge Kassel–Halle (Saale).

Ab Kassel Hbf führt die Strecke über den Kasseler Rangierbahnhof nach Osten und erreicht nach wenigen Kilometern das windungsreiche Fuldatal, dem sie bis Hannoversch Münden folgt. Dort sind noch Reste der hier einst abzweigenden Direktverbindung nach Göttingen zu sehen, u. a. die markante Brücke über die Werra. Im weiteren Verlauf folgt die Bahn dem landschaftlich schönen Werratal bis Witzenhausen und erreicht wenig später die Nord-Süd-Strecke Hannover–Bebra in Eichenberg.

Sonderzug mit der ölgefeuerter Dampflok 01 1100 im Werratal bei Hedemünden

KASSEL–WOLFHAGEN–KORBACH
KURHESSENBAHN

Die nordhessische Nebenbahn verbindet das kreisfreie Oberzentrum Kassel mit dem nördlichen Teil des Landkreises Waldeck-Frankenberg. Die 74 km lange Strecke zweigt in Obervellmar von der Hauptbahn Kassel–Warburg ab und überquert bei Zierenberg die Ausläufer des 600 m hohen Habichtswaldes. Hier findet man mit dem 815 m langen Scheiteltunnel durch den Dörnberg und dem Marmeviadukt die beiden markantesten Ingenieurbauwerke dieser Strecke. Auch im weiteren Verlauf der Strecke bis ins Korbacher Becken umgibt teilweise bewaldetes Hügelland die Bahn. Ein Teil der Bahnhöfe wurde im Laufe der Jahre in Haltepunkte umgewandelt, wobei die Bahnhofsgebäude in der Regel erhalten blieben und heute unter Denkmalschutz stehen. Weichen und Signale werden seit Dezember 2009 von Kassel aus ferngestellt (signalisierter Zugleitbetrieb).

Zwischen Volkmarsen und Korbach war die Strecke von 1987 bis 1998 vorübergehend für den Reisezugverkehr stillgelegt. Heute verkehren stündlich Regionalexpresszüge der Kurhessenbahn auf der Gesamtstrecke, während seit August 2007 die RegioTram Kassel zusätzliche Züge zwischen dem Königsplatz in der Kasseler Innenstadt und Wolfhagen anbietet. Der Güterverkehr wird in den Nachtstunden abgewickelt.

AUF EINEN BLICK

Kursbuchstrecke 612

Anbieter DB-Kurhessenbahn

Fahrzeuge 294, 628, 646 (GTW 2/6)

Streckenlänge 74 km

Highlights Tunnel und Viadukt bei Zierenberg, kleiner Viadukt mit Burgruine bei Volkmarsen

Triebwagen der Baureihe 646 der Kurhessenbahn im in hügeliger Landschaft bei Zierenberg

AUF EINEN BLICK

Kursbuchstrecke 613

Anbieter cantus Verkehrsgesellschaft

Fahrzeuge 145, 151, 152, 185, 189, 294, Flirt (Stadler) Lok priv. EVU

Streckenlänge 81 km

Highlights Werrabrücke bei Oberrieden, freie Strecke nördlich von Sontra, bei Wichmannshausen und im Bereich Friedland–Rosdorf

GÖTTINGEN–EICHENBERG–ESCHWEGE–BEBRA

NORD-SÜD-STRECKE

Der Streckenabschnitt gewann nach dem Zweiten Weltkrieg erheblich an Bedeutung, da infolge der deutschen Teilung die traditionellen Nord-Süd-Trassen im Osten nicht mehr zur Verfügung standen. Die hohe Belastung mit Reise- und Güterzügen erforderte bereits 1951 die Einführung des Gleiswechselbetriebes im Abschnitt Bebra–Cornberg (Cornberger Rampe), bevor 1963 der elektrische Betrieb aufgenommen wurde. Mit Inbetriebnahme der Neubaustrecke Hannover–Würzburg verlor die Strecke Göttingen–Bebra den hochwertigen Reisezugverkehr. Seither dient sie vor allem dem nach wie vor starken Nord-Süd-Güterverkehr, der mit der Wiedervereinigung sogar noch zugenommen hat. Um die Betriebsabläufe zu vereinfachen, wurde 1999 ein Verbindungsbogen nördlich von Eichenberg in Richtung Halle (Saale) hergestellt. Den Regionalverkehr versieht heute die cantus Verkehrsgesellschaft, deren Züge über die 2009 reaktivierte Strecke nach Eschwege geführt werden.

Landschaftlich gesehen hat die Strecke etliche schöne Motive zu bieten. Sie verläuft von Göttingen bis Friedland zunächst weitgehend eben im weiten Leinetal. Weiter südlich wird sie im Bereich der Wasserscheiden vielfach mit zum Teil erheblichen Steigungen entlang der Hänge geführt, ist aber teilweise stark zugewachsen. Schöne Blicke ergeben sich im Bereich nördlich von Sontra, bei Wichmannshausen und im Bereich Friedland–Rosdorf. Sehenswert ist die mächtige Eisenbahnbrücke bei Oberrieden, die sich vor allem im den Morgenstunden von Osten her sehr gut fotografieren lässt. Auf der kurzen Stichstrecke nach Eschwege lädt eine dreibogige Bruchsteinbrücke unweit des Haltepunkts Eschwege-Niederhone zu einem Foto ein.

Güterzug mit einer Lok der Baureihe 151 im Sommer 2008 auf der Werrabrücke bei Oberrieden

STADTBAHN KASSEL
REGIOTRAM

Zwei Züge der Kasseler Regio-Tram begegnen sich zwischen Kassel Hbf und Kassel-Wilhelmshöhe

Die Kasseler RegioTram entstand mit dem Ziel, die Stadt Kassel besser mit dem Umland zu verknüpfen und neue Akzente im öffentlichen Personennahverkehr zu setzen. Mit speziellen Stadtbahnwagen werden durchgehende Fahrten zwischen dem Streckennetz der Deutschen Bahn und dem innerstädtischen Straßenbahnnetz angeboten. Damit entfällt das Umsteigen vom Zug in die Straßenbahn. Beteiligt sind an dem Projekt u. a. der Nordhessische Verkehrsverbund, die Kasseler Verkehrsgesellschaft mit ihrer Tochter Regionalbahn Kassel (RBK) und die Deutsche Bahn. Den Betrieb führt die RegioTram Betriebsgesellschaft mbH, bestehend aus RBK und DB Regio. Folgende Linien werden angeboten:

- RT 3 Hallenbad Ost/Auestadion–Am Stern/Rathaus/Lutherplatz/Kassel Hbf–Hümme–Warburg
- RT 4 Hallenbad Ost–Am Stern/Rathaus/Lutherplatz/Kassel Hbf–Wolfhagen–Ahnatal Casselbreite
- RT 5 Papierfabrik/Auestadion–Am Stern/Rathaus/Lutherplatz–Kassel Hbf–Melsungen
- RT 9 Papierfabrik–Hallenbad Ost–Am Stern–Rathaus/Lutherplatz–Kassel Hbf–Treysa

Eingesetzt werden neben herkömmlichen Kasseler Stadtbahnwagen auch moderne Alstom-Fahrzeuge vom Typ Regio-Citadis in der Dieselhybridversion, die bei der Deutschen Bahn als Baureihe 689 geführt werden. Sie verkehren unter anderem auf der nicht elektrifizierten Nebenbahn nach Wolfhagen.

AUF EINEN BLICK

Fahrzeuge 689

FRANKFURT (MAIN)–HANAU–FULDA
KINZIGTALBAHN

Die zweigleisige Hauptbahn durch das Kinzigtal zählt zu den am stärksten befahrenen in Deutschland und ist ein wichtiges Bindeglied im Nord-Süd-Verkehr sowohl für Fernreisezüge (IC, ICE) als auch für Güterzüge. Besonders stark ausgelastet ist der Abschnitt Fulda–Flieden durch die hier abzweigende ebenfalls zweigleisige Strecke nach Gemünden (Main). Auch der Nahverkehr mit Regionalbahnen und Regionalexpresszügen ist bedeutend.

Gute Fotopunkte findet man vor allem im mittleren Streckenbereich zwischen Wächtersbach und Langenselbold, doch muss man aufgrund des starken Bewuchses mitunter ein wenig suchen. Weniger fotogen sind dagegen die meisten Bahnhöfe, wo häufig Lärmschutzwände die Sicht auf die Gleise be-

AUF EINEN BLICK

Kursbuchstrecke 615

Anbieter DB

Fahrzeuge 101, 111, 120, 140, 145, 151, 152, 185, 189, 294, 401, 411, Lok priv. EVU

Streckenlänge 81 km

Highlights Frankfurt (Main) Hbf, freie Strecke zwischen Wächtersbach und Gelnhausen, Distelrasentunnel

Ein ICE nach Hannover eilt durch den Bahnhof Wirtheim

einträchtigen. Erheblich eingeschränkt sind derzeit die Fotomöglichkeiten zwischen dem Bahnhof Schlüchtern und dem gleichnamigen Tunnel. Neben dem historischen, 3.575 m langen Tunnel durch den Landrücken am Distelrasen wurde in den Jahren von 2007 bis 2011 eine zweite Tunnelröhre aufgefahren und inzwischen in Betrieb genommen. Das alte, 1914 dem Betrieb übergebene Bauwerk mit dem markanten Westportal wird bis 2014 grundlegend saniert. Beide Röhren werden in Zukunft eingleisig betrieben werden.

AUF EINEN BLICK

Kursbuchstrecke 616

Anbieter Hessische Landesbahn

Fahrzeuge LINT 41 (Alstom)

Streckenlänge 27 km

Highlights Streckenverlauf im Bereich Schmalnau

FULDA–GERSFELD
RHÖNBAHN

Die 27 km lange Rhönbahn entging Ende der 1980er-Jahre nur knapp der Stilllegung. Heute ist sie im Bestand gesichert und wird von der Hessischen Landesbahn im Stundentakt befahren. Güterverkehr gibt es allerdings nicht mehr. Die eingleisige Strecke zweigt in Höhe der Ortschaft Bronnzell von der Hauptbahn Fulda–Hanau–Frankfurt (Main) ab und führt zunächst in östlicher Richtung durch ein recht dicht besiedeltes Gebiet mit einigen Industrieansiedlungen, die für die Bahn heute jedoch ohne Bedeutung sind. Hinter dem Kreuzungsbahnhof Lütter wendet sich das Gleis nach Süden und erreicht in einer Landschaft auf Wiesen und Äckern wenig später den Ort Schmalnau. Hier im Fuldatal ändert sich das Landschaftsbild grundlegend. Vom dichten Wald der nahe an die Strecke gerückten Höhenzüge umgeben, erreicht die Bahn nunmehr wieder in östliche Richtung führend nach wenigen Kilometern den beschaulichen Ort Gersfeld.

Regionalbahn nach Gersfeld in Höhe der Ortschaft Schmalnau

KASSEL–MARBURG–GIESSEN

MAIN-WESER-BAHN

Die zweigleisige Hauptbahn verbindet Nordhessen mit dem Rhein-Main-Gebiet und ist ein wichtiges Bindeglied im Nord-Süd-Güterverkehr. Seit dem 20. März 1967 wird die abschnittsweise für 160 km/h zugelassene Strecke durchgehend elektrisch betrieben. Auf der Main-Weser-Bahn verkehrt neben den vielen Ferngüterzügen die IC-Linie 28 Stralsund/Hamburg-Altona–Frankfurt (Main)–Karlsruhe/Konstanz im Zweistundentakt. Das Grundangebot im Regionalverkehr besteht aus Regionalexpresszügen, die von DB Regio in einem angenäherten Zweistundentakt durchgehend auf der Gesamtstrecke angeboten werden. Weitere stündlich verkehrende Regionalexpresszüge und Regionalbahnen bietet DB Regio zwischen Treysa bzw. Marburg und Gießen an. Zwischen Marburg und Gießen ist auch die Hessische Landesbahn mit einigen Zugleistungen aktiv. Im nördlichen Streckenbereich sorgt die Kasseler RegioTram für stündliche Reisemöglichkeiten.

Die landschaftlich schöne Strecke trennt sich in Guntershausen von der Hauptbahn Kassel–Bebra und folgt zunächst in zahlreichen Windungen dem engen Edertal. Etwa ab Gensungen-Felsberg erreicht die Bahn das weitläufige und flache Fritzlar-Waberner Becken, bevor sie ab Borken wieder in gebirgigeres Gelände hineinführt. Im weiteren Verlauf folgt die Bahn dem windungsreichen Schwalmtal und überwindet hinter Neustadt die Wasserscheide zwischen Rhein und Weser. Die frühere Blockstelle Wasserscheide östlich von Stadt Allendorf, dessen Dienstgebäude erhalten blieb, weist den Reisenden darauf hin. Hinter Kirchhain wird zunächst das Ohmtal durchfahren, bevor hinter Cölbe das nach Süden hin zunehmend weiter werdende Lahntal erreicht wird. Auf den letzten Kilometern vor Gießen liegt die Bahn größtenteils auf einem Damm.

AUF EINEN BLICK

Kursbuchstrecke 620

Anbieter DB, Hessische Landesbahn

Fahrzeuge 101, 111, 145, 151, 152, 185, 189, 294, GTW 2/6, LINT 41, Regio-Citadis, Lok priv. EVU

Streckenlänge 133 km

Highlights Ruine Altenburg bei Felsberg, ehemalige Blockstelle Wasserscheide

Intercity vor der Ruine Altenburg bei Felsberg

AUF EINEN BLICK

Kursbuchstrecke 621

Anbieter Hessische Landesbahn

Fahrzeuge GTW 2/6, 294

Streckenlänge 17 km

Highlights Bahnhof Fritzlar mit Formsignalen

WABERN–BAD WILDUNGEN

EDERSEEBAHN

Die 17 km lange Strecke ist der Rest der früheren Nebenbahn Korbach–Bad Wildungen–Wabern, die in früheren Jahren auch überregionale Bedeutung hatte. Ursprüngliche Überlegungen, auch den Abschnitt Wabern–Fritzlar–Bad Wildungen aufzugeben, konnten abgewendet werden. Heute wird die Strecke im Zweistundentakt von der Kurhessenbahn bedient, auch Güterverkehr findet noch gelegentlich zwischen Wabern und Fritzlar für die Bundeswehr statt.

Die Strecke folgt ab Wabern dem weit ausladenden Edertal in unmittelbarer Nähe zur Bundesstraße B253. In Fritzlar gibt es noch einen „richtigen" Bahnhof mit mehreren Nebengleisen und Formsignalen. Das Kieswerk westlich davon, einst ein wichtiger Kunde der Bahn, wird nicht mehr angefahren. Der frühere Abzweigbahnhof Wega wurde inzwischen ausgelassen, obwohl noch immer Planungen im Raum stehen, die früher nach Korbach führende Strecke bis zum Edersee für den Ausflugsverkehr wiederzubeleben. Saniert wurde inzwischen der nur noch aus zwei Gleisen bestehende Bahnhof Bad Wildungen.

Sonderzug mit Triebwagen der Hessischen Landesbahn bei einem kurzen Halt in Fritzlar

AUF EINEN BLICK

Kursbuchstrecke 622

Anbieter DB-Kurhessenbahn

Fahrzeuge 218, 294, 261, 628, 646, Lok priv. EVU im Sonderverkehr

Streckenlänge 33 km

Highlights Bahnhof Sarnau mit Formsignalen, steigungsreicher Streckenabschnitt zwischen Wiesenfeld und Birkenbringhausen

(MARBURG–) SARNAU–FRANKENBERG (EDER)

BURGWALDBAHN

Die Burgwaldbahn war einst Teil einer durchgehenden Eisenbahnverbindung mit Eilzugverkehr zwischen Korbach und Marburg und gehört heute der DB-Tochter Kurhessenbahn. Eine Wiedereröffnung des sich nach Norden hin anschließenden, heute noch bis Herzhausen

Ein Sonderzug nach Frankenberg (Eder) begegnet im Bahnhof Münchhausen einem planmäßigen Zug

für den Tourismusverkehr befahrbaren Streckenteils bis Korbach wurde im Sommer 2012 beschlossen. Bedient wird die Strecke im Taktverkehr mit Triebwagen der Baureihen 628 und 646, auch ein geringer Güterverkehr bis Frankenberg (Eder) ist noch vorhanden. Die Nebenbahn beginnt im Bahnhof Sarnau an der Oberen Edertalbahn und führt über Wetter und Ernsthausen (Kreuzungsbahnhöfe) durch das weite, von Wiesen und Feldern geprägte Tal der Wetschaft nach Norden. Hinter Ernsthausen erfolgt der Anstieg in den Burgwald, bevor die Strecke im Bereich des 186 m langen Wiesenfelder Tunnels auf 334,6 m ü. NN den Scheitelpunkt erreicht und vor den Höhen des Sauerlandes ins schöne Edertal nach Frankenberg (Eder) hinunterführt.

HERZHAUSEN (EDERSEE)–FRANKENBERG–BATTENBERG-AUHAMMER
EDERBERGLANDBAHN

AUF EINEN BLICK

Kursbuchstrecke 622.1

Anbieter DB-Kurhessenbahn

Fahrzeuge 628, 646, 261, 294

Streckenlänge 32 km

Die Ederberglandbahn besteht aus den Reststücken früherer Nebenbahnen. Während der Abschnitt Frankenberg (Eder) über Battenberg-Auhammer hinaus bis nach Bad Berleburg führte, war der Abschnitt Frankenberg–Herzhausen einstmals Teil der Nebenbahn Korbach–Cölbe (–Marburg), auf der viele Jahre lang sogar ein Ferneilzugpaar Frankfurt (Main)–Bremen verkehrte. Heute kann sie nur noch bis Herzhausen im Ausflugsverkehr befahren werden. 2014 wird der Regionalverkehr zwischen Korbach–Frankenberg (Eder) nach gründlicher Sanierung der Strecke wieder aufgenommen. Auch Güterzüge sollen hier in Zukunft wieder verkehren. Die Zukunft des Streckenabschnitts nach Battenberg-Auhammer ist dagegen weiterhin offen. Der derzeit geringe Güterverkehr und die Ausflugszüge werden auf Dauer für einen langfristigen Erhalt kaum reichen.

Sonderzug der Taunusbahn im Edertal bei Schnittlotheim

AUF EINEN BLICK

Kursbuchstrecke 623

Anbieter DB-Kurhessenbahn

Fahrzeuge 218, 628, 646, Lok priv. EVU

Streckenlänge 64 km

Highlights Ortsdurchfahrt Oberndorf, Bahnhof Sarnau mit Formsignalen, steigungsreicher Streckenbereich Erndtebrück-Oberndorf

(MARBURG–) CÖLBE–BAD LAASPHE–ERNDTEBRÜCK

OBERE LAHNTALBAHN

Die Obere Lahntalbahn verbindet die Main-Weser-Bahn Kassel–Frankfurt mit dem Wittgensteiner Land und war zwischen Bad Laasphe und Erndtebrück lange Zeit von Stilllegung bedroht. Dieses Schicksal konnte jedoch abgewendet und die Strecke unter Federführung der DB-Tochter „Kurhessenbahn" in eine gesicherte Zukunft geführt werden. Angeboten wird zwischen Marburg und Bad Laasphe Regionalverkehr im Stundentakt, während bis Erndtebrück nur alle zwei Stunden gefahren wird. Die Strecke folgt ab Cölbe dem Oberlauf der Lahn. In Sarnau zweigt die früher nach Korbach und heute nur noch bis Frankenberg planmäßig befahrene Burgwaldbahn ab, während in Wallau ein kurzer Rest der früher bis Dillenburg führenden Scheldetalbahn anschließt (sporadischer Holzverkehr). Hinter Bad Laasphe steigt die Strecke bis zum Gebirgsscheitel bei Leimstruth stark an, bevor im 321 m langen Leimstruther Tunnel die Wasserscheide zwischen Lahn und Eder unterfahren wird. Stark fallend erreicht die Bahn bald darauf den Abzweigbahnhof Erndtebrück.

In Sarnau mündet die Nebenbahn aus Frankenberg in die Obere Lahntalbahn

AUF EINEN BLICK

Kursbuchstrecke 625

Anbieter DB, Hessische Landesbahn, vectus Verkehrsgesellschaft

Fahrzeuge 265, 294, 612, GTW 2/6 (Stadler) LINT 41 (Alstom)

Lok priv. EVU

Streckenlänge 104 km

Highlights zahlreiche Bahnhöfe mit Formsignalen, Streckenbereiche um Runkel, Aumenau, Balduinstein, Oberhof und Nassau

(GIESSEN–) WETZLAR–LIMBURG (LAHN)–KOBLENZ

LAHNTALBAHN

Die weitgehend zweigleisige Strecke liegt jeweils zur Hälfte in den Bundesländern Hessen und Rheinland-Pfalz und zählt zu den landschaftlich schönsten nördlich der Mainlinie. Doch nicht nur landschaftlich hat sie einiges zu bieten. Hier findet man noch zahlreiche Bahnhöfe mit mechanischer Sicherungstechnik und abschnittsweise sogar noch die klassischen Telefonfreileitungen. Erfreulich ist der dichte Zugverkehr. Neben durchgehenden Regionalexpresszügen im Zweistundentakt verkehren stündlich Regionalbahnen. Und auch im Güterverkehr wird die Strecke noch planmäßig durchgehend genutzt. Hinzu kommen häufige Sonderleistungen.

Die fahrdrahtlose Strecke zweigt in Wetzlar von der Hauptbahn Siegen–Gießen ab und folgt zunächst dem weit ausladenden Lahntal in südwestlicher Richtung. Rechts und links der Bahntrasse spielte in früheren Jahren der Erzbergbau eine wichtige Rolle. Heute sind sämtliche Gruben geschlossen. Ab Weilburg verengt sich das Tal und in bogen- und tunnelreicher Streckenführung führt die Bahn nun in südliche Richtung. Wer hier fotografieren möchte,

Frühling an der Lahn. Regionalbahn nach Gießen im beschaulichen Ferienort Balduinstein

wird nicht lange suchen müssen, um einen schönen Fotopunkt zu finden. Bei Aumenau wendet sich die Bahn erneut nach Westen und folgt in weiten Schleifen in unmittelbarer Nähe dem Ufer der Lahn. In Eschhofen, kurz vor Limburg, trifft die zweigleisige elektrifizierte Hauptbahn aus Frankfurt (Main) auf die Lahntalbahn, somit ist auch der folgende Bahnhof Limburg (Lahn) mit Fahrdraht überspannt.

Auch westlich von Limburg (Lahn) bleibt die Lahn ständiger Begleiter der Hauptbahn, die im weiteren Verlauf einige eingleisige Abschnitte aufzuweisen hat. Auch hier findet man vielfach gepflegte Bahnhöfe mit Formsignalen, Tunnel und Brücken. Lohnende Fotopunkte findet man vor allem rund um Balduinstein, Oberhof und Nassau. In Niederlahnstein trifft die Bahn auf die rechte Rheinstrecke.

FRANKFURT (MAIN)/WIESBADEN–LIMBURG (LAHN)

MAIN-LAHN-BAHN

Die zweigleisige, seit 1986 elektrifizierte Hauptbahn dient vor allem dem Reisezugverkehr. Der südliche Teil der Strecke zwischen Frankfurt-Höchst und Niedernhausen (Taunus) ist in das Frankfurter S-Bahn-Netz integriert und wird von der Linie 2 befahren. Ansonsten verkehren durchgängig Regionalbahnen und Regionalexpresszüge jeweils im Zweistundentakt mit Verdichtern während des Berufsverkehrs. Eingesetzt wird die Baureihe 143 mit Doppelstockwagen der neuesten Generation. Hinzu kommen einige Güterzüge, die Ton in Ganzzügen aus dem Westerwald nach Italien befördern.

Die Main-Lahn-Bahn, im Volksmund auch Limburger Bahn genannt, führt in weiten Teilen durch eine landwirtschaftlich geprägte Region. Leider werden weite Teil der Trasse von Bäumen und Buschwerk begleitet, so dass man mitunter schon ein wenig suchen muss, um eine geeignete Fotostelle zu finden. In ihrem mittleren Teil verläuft die Bahn unweit der vor einigen Jahren neu gebauten Schnellfahrstrecke Köln–Frankfurt (Main), ist aber nicht mit ihr verbunden.

AUF EINEN BLICK

Kursbuchstrecke 627
Anbieter DB,
Fahrzeuge 143, 145, 152, 294, Lint 41 (Alstom), Lok priv. EVU
Streckenlänge 90 km
Highlights Frankfurt (Main) Hbf

WIESBADEN–NIEDERNHAUSEN (TAUNUS)
LÄNDCHESBAHN

AUF EINEN BLICK

Kursbuchstrecke 627
Anbieter vectus Verkehrsgesellschaft
Fahrzeuge LINT 41 (Alstom)
Streckenlänge 20 km

Die eingleisige Hauptbahn litt schon immer an einer zu geringen Inanspruchnahme der Zwischenstationen. Fast alle Reisende befahren die Strecke durchgehend und steigen zum großen Teil in Niedernhausen (Taunus) in die Züge Richtung Limburg (Lahn) um. Dieser Tatsache Rechnung tragend, bestand in früheren Jahren zeitweise durchgehender Verkehr zwischen Wiesbaden Hbf und Limburg (Lahn). Güterverkehr besteht nicht mehr.

Die Strecke führt vorwiegend durch eine landwirtschaftlich geprägte Region. Zwischen den Haltepunkten Wiesbaden-Erbenheim und Auringen-Medenbach findet man waldreichere Regionen. Hier durchfährt die Bahn den 235 m langen Grauer-Stein-Tunnel, den einzigen zwischen Wiesbaden und Niedernhausen (Taunus).

(LIMBURG (LAHN)–) STAFFEL–MONTABAUR–SIERSHAHN
UNTERWESTERWALDBAHN

Die Nebenbahn kann mit einem erheblichen Güterverkehr aufwarten. Sie dient umfangreichen Tontransporten aus den Tagebaubetrieben des südlichen Westerwaldes vor allem nach Italien. Der von der vectus Verkehrsgesellschaft – einer Tochter der Hessischen Landesbahn – gefahrene Reisezugverkehr ist dagegen eher mäßig und wird im Zweistundentakt abgewickelt. Die Tonverladung erfolgt in Siershahn und

Leerer Abraumzug mit einer Lok der Bauart „Class 66“ im Bahnhof Goldhausen

Goldhausen sowie an der in Montabaur abzweigenden, nur dem Güterverkehr dienenden Strecke nach Wallmerod. Zusammengestellt werden die Züge seit 2002 im neuen Bahnhof Montabaur an der Schnellfahrstrecke Köln–Frankfurt (Main). Die Tonzüge der DB Schenker Rail Deutschland AG verkehren planmäßig montags bis freitags, wobei während der Frostperioden im Winter und während der Betriebsferien der tonverarbeitenden Industrie in Italien mit Ausfällen zu rechnen ist.

Die Unterwesterwaldbahn führt durch die herbe Landschaft des südlichen Westerwaldes mit vielen Fotomöglichkeiten. Größtes Ingenieurbauwerk der Strecke ist der Niedererbacher Viadukt, der sich ein wenig hinter Bäumen und Sträuchern versteckt. Auch sonst ist die Strecke abschnittsweise stark zugewachsen, doch begleiten noch vielfach die klassischen Telefonmasten die Trasse. Formsignale findet man noch in den Bahnhöfen Staffel und Siershahn, während ansonsten moderne elektronische Sicherungstechnik zum Einsatz kommt. Recht gut erhalten sind nahezu alle Bahnhofsgebäude, auch dort, wo aus den Bahnhöfen längst Haltepunkte geworden sind.

AUF EINEN BLICK

Kursbuchstrecke 629

Anbieter vectus Verkehrsgesellschaft

Fahrzeuge 261, 265, LINT 41 (Alstom), Lok priv. EVU

Streckenlänge 35 km

Highlights Bahnhöfe Goldhausen, Siershahn (Formsignale) und Staffel (Formsignale) Viadukt bei Niedererbach

FRANKFURT (MAIN)–GIESSEN
MAIN-WESER-BAHN

Die durchgehend zweigleisige Strecke gewann infolge der deutschen Teilung an Bedeutung. Neue Nord-Süd-Verkehrsströme, vor allem im Güterverkehr, ließen sie schnell zu einer der wichtigsten der Deutschen Bundesbahn werden. 1963 konnte der elektrische Betrieb zwischen Frankfurt (Main) und Friedberg (Hessen) aufgenommen werden, 1965 folgte der Abschnitt bis Gießen. Besonders stark war seit jeher der Pendlerverkehr zwischen Frankfurt (Main) und Friedberg. Hier verkehrt seit 1978 die S-Bahn. Zur Entlastung dieses Abschnitts wird ein Teil der Güterzüge ab Friedberg (Hessen) über Hanau geführt, während der Fernreisezugverkehr 1991 weitgehend auf die Neubaustrecke Hannover–Fulda–Würzburg gelegt wurde.

Der Betrieb gestaltet sich recht abwechslungsreich. Alle gängigen Ellok-Baureihen der Deutschen Bahn können hier angetroffen werden, ebenso eine Vielzahl von Lokomotiven privater EVU. Fotomotive finden sich entlang der gesamten Strecke. Zwischen dem S-Bahn-Haltepunkt Frankfurter Berg und dem Bahnhof Bad Vilbel liegt die Bahntrasse abschnittsweise unmittelbar neben der Nidda. Teilweise findet man hier wie auch weiter nördlich zwischen Bad Vilbel und Friedberg (Hessen) gut erhaltene Bahnwärterhäuschen aus den Anfangsjahren der Bahn. Unmittelbar hinter Friedberg folgt der 16 m hohe Rosental-Viadukt mit seinen 24 Bögen, der unter Denkmalschutz gestellt wurde. Züge fahren allerdings nicht mehr über die imposante Brücke. Seit 1982 besteht ein neues Bauwerk unmittelbar neben dem alten Talübergang. Beide Brücken lassen sich recht gut mit den Zügen der Main-Weser-Bahn von einem Parkhaus aus fotografieren. Weitere gute Fotomöglichkeiten finden sich in freier Landschaft bei Nieder Mörlen, Okarben, Kirch Göns, Lang Göns sowie im Bereich der Abzweigstelle Gießen-Bergwerkswald.

AUF EINEN BLICK

Kursbuchstrecke 630

Anbieter DB, Hessische Landesbahn

Fahrzeuge 101, 110, 111, 120, 143, 145, 151, 152, 185, 189, 294, 423, 425, 426, Lok priv. EVU

Streckenlänge 66 km

Highlights Viadukt bei Friedberg, Frankfurt (Main) Hbf mit Bahnhofshalle

Erinnerungen an frühere Zeiten! Lok 78 468 vor Sonderzug am Südportal des 673 m langen Effolderbacher Tunnels.

GIESSEN–NIDDA–GELNHAUSEN

LAHN-KINZIG-BAHN

Die Hauptbahn sollte ursprünglich über Gelnhausen hinaus geführt und mit der Strecke Frankfurt (Main)–Aschaffenburg–Würzburg verbunden werden. Doch die kleinstaatlichen Verhältnisse in der Region verhinderten dies. Folglich blieb die Lahn-Kinzig-Bahn überregional unbedeutend und spielte lediglich für den Personen- und Güterverkehr rund um die Städte Lich, Hungen, Nidda und Büdingen eine gewisse Rolle. In den 1970er-Jahren wurde der Fortbestand der Bahn wiederholt in Frage gestellt, doch zu einer Stilllegung kam es trotz des hohen betrieblichen Aufwands für das Besetzen der vielen mechanischen Stellwerke nicht. Inzwischen wurde das Zugangebot an Werktagen auf einen Stundentakt verdichtet. Weitere Züge verkehren auf Teilstrecken für den Berufs- und Schülerverkehr, während an Sonntagen ein Zweistundentakt besteht. Eingesetzt werden Triebwagen der Bauart GTW der Hessischen Landesbahn. Regelmäßiger Güterverkehr besteht noch zwischen Gießen und dem Bahnhof Nidda. Ferner wird gelegentlich Holz in Ganzzügen von privaten EVU von verschiedenen Bahnhöfen aus abgefahren.

Schöne Fotopunkte findet man an der Strecke reichlich. Vor allem südlich von Oberwiddersheim, zwischen Nidda und Ranstadt sowie zwischen Büdingen und Mittel Gründau können Züge vom Hang aus in der freien Landschaft aufgenommen werden. Erwähnenswert sind die beiden Tunnel bei Effolderbach und Büdingen, die mit ihrem zweigleisigen Profil daran erinnern, das der Lahn-Kinzig-Bahn eine größere Bedeutung zugedacht war. Neben der schönen Landschaft sind besonders die Bahnhöfe mit ihren zumeist alten Stellwerken und Formsignalen einen Besuch wert. Auch auf die noch fast durchgängig vorhandene Telefonfreileitung sei an dieser Stelle hingewiesen.

AUF EINEN BLICK

Kursbuchstrecke 631

Anbieter Hessische Landesbahn

Fahrzeuge 294, GTW 2/6 (Stadler)

Streckenlänge 70 km

Highlights zahlreiche Bahnhöfe mit Formsignalen, Tunnel bei Effolderbach und Büdingen

(FRANKFURT [MAIN] –) FRIEDBERG (HESSEN)–NIDDA/WÖLFERSHEIM-SÖDEL

HORLOFFTALBAHN

Die Nebenbahn verbindet die Städte Friedberg (Hess) und Nidda. Von der in Beienheim abzweigenden Strecke über Hungen nach Mücke (Hess) besteht seit 2003 nur noch der kurze Abschnitt bis Wölfersheim-Södel. Der Rest ist außer Betrieb bzw. zwischen Hungen und Mücke (Hess) schon seit Jahren abgebaut. Bei Wölfersheim wurde bis 1991 Braunkohle gefördert. Die in einem Schwelkraftwerk erzeugten Produkte wie Teer, Benzol und Heizöl wurden bis nach dem Zweiten Weltkrieg in langen Kesselwagenzügen abgefahren. Später sorgte eine Müllumladestation bei Grund-Schwalheim für Frachtaufkommen, bevor die Transporte 1995 auf LKW verlegt wurden. Heute verkehren auf der Horloffbahn Triebwagen der Hessischen Landesbahn vom Typ GTW 2/6 im Stundentakt. Für eine Verdichtung des Fahrplans sorgen Wendezüge mit der Baureihe 218, die durchgehend zwischen Frankfurt (Main) und Nidda verkehren.

Auffällig ist der geringe Bewuchs entlang der beiden Strecken, die mit einigen schönen Fotopunkten aufwarten können, wie beispielsweise die noch mit Formsignalen versehenen Bahnhöfe Beienheim und Wölfersheim-Södel. Landschaftlich gesehen ist der Abschnitt Häuserhof–Nidda der wohl attraktivste. Aber auch zwischen Reichelsheim und Gettenau-Bingenheim findet man so manch lohnendes Motiv.

AUF EINEN BLICK

Kursbuchstrecke 632

Anbieter DB, Hessische Landesbahn

Fahrzeuge 218, GTW 2/6 (Stadler)

Streckenlänge 33 km

Highlights Bahnhöfe Beienheim und Wölfersheim-Södel mit Formsignalen

Regionalbahn nach Wölfersheim-Södel bei der Ausfahrt aus Beienheim

FRIEDBERG (HESS)–NIDDERAU–HANAU

AUF EINEN BLICK

Kursbuchstrecke 633

Anbieter Hessische Landesbahn

Fahrzeuge 145, 151, 152, 185, 189, 294, GTW 2/6 (Stadler), Lok priv. EVU

Streckenlänge 32 km

Highlights freie Strecke bei Kaichen mit Schloss Naumburg im Hintergrund

Die zweigleisige, elektrifizierte Strecke dient vornehmlich dem überregionalen Güterverkehr, nachdem sämtliche Wagenladungspunkte mit Ausnahme von Hanau Nord im Laufe der vergangenen Jahre geschlossen wurden. Den Reisezugverkehr übernahm im Jahr 2001 die Butzbach-Licher Eisenbahn (BLE) – ein Tochterunternehmen der Hessischen Landesbahn (HLB) – mit modernen Stadler-Dieseltriebwagen vom Typ GTW 2/6. Montags bis freitags besteht ein Stundentakt mit einzelnen Verdichtern. An Samstagen hingegen wird ab dem Spätnachmittag nur noch alle zwei Stunden gefahren, während sonntags der Reisezugverkehr vollständig ruht. Die Strecke verlässt den noch mit Formsignalen versehenen Knotenpunkt Friedberg (Hess) in südöstlicher Richtung. Hinter dem Bahnhof Assenheim (Oberhess) wird das Niddatal auf einem großen Stahlfachwerkviadukt überquert, dem wohl markantesten Bauwerk der 32 km langen Hauptbahn. Ein weiterer Viadukt befindet sich vor dem Bahnhof Nidderau. Der Nordteil der Strecke Friedberg (Hess)–Nidderau ist hinsichtlich des landschaftlichen Umfeldes dem südlichen Teil bis Hanau ohnehin bei weiten überlegen. Schöne Fotomotive gibt es u. a. in Heldenbergen-Windecken (Fußgängerbrücke) sowie bei Kaichen mit dem Schloss Naumburg im Hintergrund.

BAD VILBEL–GLAUBURG-STOCKHEIM

NIDDERTALBAHN

AUF EINEN BLICK

Kursbuchstrecke 634

Anbieter DB

Fahrzeuge 218, 628, 642

Streckenlänge 313 km

Die Nebenbahn dient seit Jahren nur noch dem Reisezugverkehr. Lange Zeit sah es sogar danach aus, als ob sie vollständig stillgelegt werden könnte, nachdem dieses Schicksal die sich östlich von Glauburg-Stockheim anschließende Vogelsbergbahn über Gedern nach Lauterbach Nord längst ereilt hatte. Doch dazu kam es nicht. Anstelle die Bahn stillzulegen, wurde sie modernisiert, in den Frankfurter Verkehrsverbund integriert und das Fahrplanangebot deutlich verbessert. Heute besteht ein Grundangebot im Stundentakt, das teilweise auf halbstündige Fahrten verdichtet ist. Die meisten Züge verkehren als Wendezüge (Baureihe 218 mit Doppelstockwagen) durchgehend bis Frankfurt (Main) Hbf, alle anderen wurden mit Triebwagen der Baureihe 628 gefahren. Seit dem Fahrplanwechsel im Dezember 2012 kommen 642, zumeist als Doppeleinheit, zum Einsatz. Diese sollen zuerst die 628 ablösen, die 218 verkehren auch weiterhin. Signale und Weichen der Bahnhöfe Altenstadt, Niederdorfelden und Nidderau werden seit 2007 durch das ESTW Altenstadt gestellt.

Zahlreiche Züge der Niddertalbahn verkehren durchgehend bis Franfurt (Main) Hbf (Glauburg-Stockheim, April 2007)

Die Niddertalbahn präsentiert sich recht modern mit zeitgemäßer Sicherungstechnik und technisch gesicherten Bahnübergängen. Auch wurde inzwischen einiges in die Erneuerung der Bahnhöfe und Haltestellen investiert. Fotografisch gesehen kann die Nebenbahn mit besonderen Höhepunkten nicht aufwarten. Es gibt aber durchaus einige schöne Landschaftsmotive im leicht hügeligen Niddertal.

GIESSEN–ALSFELD–FULDA
VOGELSBERGBAHN

Die eingleisige Hauptbahn windet sich in zahlreichen Bögen durch die abwechslungsreiche, hügelige Landschaft nördlich des Vogelsbergs. Den vertakteten Reisezugverkehr führt die Hessische Landesbahn mit modernen Triebwagen vom Typ LINT 41 durch, während sich der Güterverkehr auf das westliche Teilstück Gießen–Grossen Buseck beschränkt. Einer Reaktivierung weiterer Ladestellen, u. a. für die Abfuhr von Rohholz, steht die durch Rückbauten beschränkte Streckendurchlässigkeit entgegen. Dieses könnte sich jedoch schon bald ändern, da neben dem geplanten Ausbau der Strecke auf 120 km/h Höchstgeschwindigkeit auch eine Reaktivierung von Bahnhöfen geplant ist. Die Strecke führt zunächst durch eine recht offene Landschaft aus Wiesen und Feldern und erreicht östlich von Mücke das enge Tal der Ohm. Zwischen Nieder-Ohmen und Zell-Romrod führt sie in waldreicher Umgebung oft abseits von Straßen und Wegen durch teilweise schwer zugängliche Gebiete. Erst bei Alsfeld erreicht die Vogelsbergbahn wieder eine Landschaft aus Wiesen, Feldern und kleinen Waldgebieten. Die Bahnhöfe der Strecke sind größtenteils noch mit mechanischen Stellwerken und Formsignalen ausgestattet, leider jedoch teilweise zurückgebaut. Erwähnenswert sind auch die markanten Fußgängerbrücken in einigen Bahnhöfen sowie drei größere Eisenbahnbrücken im Ostteil der Strecke bei Bad Salzschlirf, Fulda und Oberbimbach.

AUF EINEN BLICK

Kursbuchstrecke 635

Anbieter Hessische Landesbahn

Fahrzeuge 294, LINT 41 (Alstom)

Streckenlänge 106 km

Highlights zahlreiche Bahnhöfe mit Formsignalen, historische Fußgängerüberführungen in Reiskirchen und Lauterbach Nord

Blick auf das Empfangsgebäude von Großenlüder mit eingefahrener Regionalbahn nach Fulda

FRIEDRICHSDORF (TAUNUS)–FRIEDBERG (HESSEN)

AUF EINEN BLICK

Kursbuchstrecke 636

Anbieter Hessische Landesbahn

Fahrzeuge GTW 2/6 (Stadler)

Streckenlänge 37 km

Ursprünglich wurde diese Strecke zur Anbindung des mondänen Kurorts Bad Homburg an die Main-Weser-Bahn gebaut. Bald erkannte das preußische Militär den Wert der Bahnlinie und setzte den zweigleisigen Ausbau und die Umwandlung in eine Hauptbahn durch. Später verkehrten hier teilweise sogar Schnellzüge. Heute ist die Strecke nur noch eingleisig und wird lediglich noch für den regionalen Reisezugverkehr genutzt. Auch hat sie inzwischen den Status einer Hauptbahn verloren, obwohl hier eine Höchstgeschwindigkeit von 120 km/h erlaubt ist. Den Betrieb führt seit 1998 die Butzbach-Licher Eisenbahn (Tochter der Hessischen Landesbahn) mit modernen Stadler-Triebwagen vom Typ GTW 2/6 im Stundentakt, der teilweise auf eine halbstündige Bedienung verdichtet ist.

Die Strecke verläuft landschaftlich recht abwechslungsreich am Südrand des Taunus. Einige Feldwege und Straßenbrücken eignen sich recht gut als Fotopunkte entlang der recht ländlich geprägten Strecke. Von den früheren Bahnhöfen ist lediglich Rosbach (v.d. Höhe) als Kreuzungspunkt für den Nahverkehr verblieben. Alle anderen wurden inzwischen zu Haltepunkten. Die früheren Empfangsgebäude befinden sich in Privatbesitz und präsentieren sich in einem guten Zustand.

(FRANKFURT [MAIN]–) FRIEDRICHSDORF (TAUNUS)–GRÄVENWIESBACH–BRANDOBERNDORF

TAUNUSBAHN

AUF EINEN BLICK

Kursbuchstrecke 637

Anbieter Hessenbahn GmbH

Fahrzeuge VT 2E (LHB), LINT 41 (Alstom)

Streckenlänge 37 km

Der Fortbestand der Taunusbahn galt lange Zeit als nicht gesichert, nachdem die beiden ab Grävenwiesbach weiterführenden Strecken ins Lahntal nach Albshausen und Weilburg bis 1985 stillgelegt worden waren. Erst mit Übernahme der Nebenbahn zwischen Friedrichsdorf und Grävenwiesbach durch den Verkehrsverband Hochtaunus (VHT) konnte die drohende Stilllegung abgewendet werden. Durch einen bis auf einen Halbstundentakt zu den Hauptverkehrszeiten verdichteten Fahrplan und moderne Fahrzeuge konnte die Nachfrage ganz erheblich gesteigert werden, so dass 1999 sogar der 1985 stillgelegte Abschnitt Grävenwiesbach–Brandoberndorf mit dem 1.320 m langen Hasselborner Tunnel reaktiviert wurde.

Fotostellen findet man entlang der landschaftlich schönen, recht bogenreich verlaufenden Strecke vielerorts, auch wenn die gepflegt wirkenden Bahnhöfe und Haltestellen infolge der Modernisierung ein wenig von ihrem früheren Charme verloren haben. Lohnenswert ist vor allem die Region rund um Saalburg und Grävenwiesbach, ferner der Abschnitt Wehrheim–Usingen.

FRANKFURT (MAIN)–HANAU–ASCHAFFENBURG
SPESSART-BAHN

Die stark befahrene Hauptbahn ist Teil der Fernverbindung Frankfurt (Main)–Würzburg–Nürnberg. Neben umfangreichen Aufgaben im Regionalverkehr gilt sie im Fernreisezugverkehr als wichtige Magistrale zwischen Hessen und Bayern und Österreich. Für den Güterverkehr, der den Bahnknoten Frankfurt (Main) großräumig umgeht, ist vor allem der Abschnitt Hanau–Aschaffenburg von Bedeutung. Der Zugverkehr ist sehr vielfältig, und es kommen nahezu alle Ellok-Baureihen zum Einsatz, die auf deutschen Schienen unterwegs sind. Eine Besonderheit sind die mehrmals täglich verkehrenden Zweisystem-Stadtbahnwagen der Hanauer Straßenbahn, die zwischen Hanau und Rüsselheim-Opelwerk unterwegs sind. Die „MainLinie" nach Karlsruher Vorbild verkehrt über die Frankfurter Bahnhöfe Ost, Süd und -Flughafen Regiobahnhof.

Landschaftlich gesehen hat die Strecke keine besonderen Höhepunkte zu bieten. Die gesamte Region ist weitgehend flach und dicht besiedelt. Als Fotopunkte eignen sich eher die Bahnhöfe, die sich zumeist in einem ansprechenden Zustand befinden.

AUF EINEN BLICK

Kursbuchstrecke 640

Anbieter DB

Fahrzeuge 101, 111, 145, 151, 152, 185, 189, 294, 403, 411, Lok priv. EVU und ÖBB

Streckenlänge 46 km

HANAU/DARMSTADT–WIEBELSBACH-HEUBACH–ERBACH (ODENW)–EBERBACH
ODENWALDBAHN

Die Odenwaldbahn zählt zu den landschaftlich schönsten Bahnlinien in Hessen. In ihrem nördlichen Teil besteht sie aus zwei von Darmstadt und Hanau ausgehenden und in Wiebelsbach-Heubach sich vereinigenden Streckenästen. Auf gemeinsamer Trasse geht es nun in Nord-

AUF EINEN BLICK

Kursbuchstrecke 641

Anbieter VIAS GmbH

Fahrzeuge 294, Itino D2 (Bombardier)

Streckenlänge 120 km

Highlights Viadukte bei Hetzbach und Friedrichsdorf, Voreinschnitte Krähbergtunnel und Frau-Nauses-Tunnel, Natursteinüberführungen in Gewölbebauweise bei Wiebelsbach-Heubach, Erbach und Hetzbach

Regionalbahn nach Eberbach südlich von Wiebelsbach-Heubach

Süd-Richtung durch den Odenwald über Michelstadt, Erbach (Odenw) und Hetzbach bis ins württembergische Neckartal nach Eberbach. Mitunter wird die nicht elektrifizierte eingleisige Hauptbahn auch als Mümlingbahn bezeichnet, da sie von Höchst bis Hetzbach durch das Mümlingtal führt. Das wohl bekannteste Ingenieurbauwerk der Strecke ist der Himbächelviadukt, der sich, besonders von der Ostseite her betrachtet, in all seiner Pracht den Fotografen präsentiert. Ein weiterer, nicht minder fotogener Viadukt überquert bei Friedrichsdorf das schöne Haintal. Auch die drei Tunnel der Odenwaldbahn machen einen Besuch lohnenswert. Neben dem 3.100 m langen Krähbergtunnel mit seinem langen und besonders fotogenen Voreinschnitt auf der Südseite bietet die südliche Ausfahrt des 1.205 m langen Frau-Nauses-Tunnels bei Hetzschbach schöne Motive. Schließlich ist noch der 240 m lange Engelbergtunnel bei Reinheim zu erwähnen, ferner zahlreiche Gewölbebrücken aus Sandstein entlang der gesamten Strecke.

Den Betrieb führt seit Ende 2005 die VIAS GmbH mit modernen Bombardier-Regionaltriebwagen vom Typ Itino D2 durch. Güterverkehr besteht noch sporadisch zwischen Darmstadt und Reinheim (Odenw). Inzwischen wurde die gesamte Eisenbahninfrastruktur modernisiert und ausgebaut, wobei die mechanische Sicherungstechnik durch ein elektronisches System abgelöst wurde. Streckenweise kann die Strecke heute mit Geschwindigkeiten von bis zu 120 km/h befahren werden. Die Odenwaldbahn ist bereits vor Jahren mit ihren historischen Brücken und Tunneln zum Kulturdenkmal im Sinne des hessischen Denkmalschutzgesetztes erklärt worden.

(HANAU–) KAHL (MAIN)–SCHÖLLKRIPPEN
KAHLGRUNDBAHN

AUF EINEN BLICK

Kursbuchstrecke 642

Anbieter Hessische Landesbahn GmbH

Fahrzeuge Desiro Classic (Siemens)

Streckenlänge 23 km

Highlights Alzenau mit Burg im Hintergrund

Die 23 km lange Nebenbahn erschließt den äußersten nordwestlichen Teil Unterfrankens. Schienenstrecke und Bahnhöfe befinden sich im Besitz der in Schöllkrippen ansässigen Kahlgrund Verkehrs-GmbH, die bis 2005 auch für den Bahnbetrieb zuständig war. Seither führt das Unternehmen nur noch Omnibusverkehre in der Region durch, den Betrieb auf dem „Bembel“ hat die Hessische Landesbahn (HLB) nach einer öffentlichen Ausschreibung mit sechs modernen Triebwagen vom Typ „Desiro Classic“ übernommen. Gefahren wird montags bis freitags durchgehend im Stundentakt, während an Wochenenden mit einigen Verdichtern an Samstagen ein Zwei-Stunden-Takt angeboten wird. Der größte Teil der Züge fährt über den Abzweigbahnhof Kahl hinaus bis zum Hanauer Hauptbahnhof, wo die S-Bahnlinien 8 und 9 eine schnelle Verbindung mit der Metropole Frankfurt (Main) herstellen. Güterzüge fahren auf den Gleisen der Kahlgrundbahn schon seit Jahren nicht mehr.

Die landschaftlich schöne Strecke ist reich an Haltepunkten und Bahnhöfen. Gekreuzt werden kann in den mit Lichtsignalen ausgestatteten Bahnhöfen Alzenau, Michelbach und Strötzbach. Gute Fotopunkte findet man u. a. in der Bahnhofsausfahrt Kahl, bei Alzenau mit der Burg im Hintergrund, bei Kälberau, bei Niedersteinbach und im Bereich des früheren Haltepunkts Langenborn vor Schöllkrippen. An bestimmten Tagen im Jahr führt die Museumseisenbahn Hanau e. V. historische Dampfzugfahrten auf der Strecke durch.

AUF EINEN BLICK

Kursbuchstrecke 643

Anbieter Hessische Landesbahn GmbH

Fahrzeuge VT 2E (LHB)

Streckenlänge 7 km

FRANKFURT-HÖCHST–BAD SODEN (TAUNUS)

SODENER BAHN

Sie ist die älteste Nebenbahn im Taunus wurde zu dem Zweck gebaut, den Badeort Soden mit der damals noch selbständigen Stadt Höchst zu verbinden. Aus der zunächst nur in der wärmeren Zeit verkehrenden „Kurbahn" wurde später eine ganzjährig betriebene Nebenbahn, die noch heute besteht. Mit dem Ausbau der S-Bahn im Raum Frankfurt (Main) wurde Bad Soden über eine Neubaustrecke an die Kronberger Bahn angeschlossen. Nach der Elektrifizierung im Jahr 1972 wurde ein Teil der S-Bahn-Züge Frankfurt (Main)–Frankfurt-Höchst über Bad Soden (Taunus) gelegt, bevor 1992 der durchgehende Betrieb über Bad Soden eingestellt wurde und Dieseltriebwagen der Frankfurt-Köngsteiner Eisenbahn (FKE) bzw. der Taunusbahn (TSB) den Verkehr auf der Bad Sodener Bahn übernahmen.

Fotografisch ist die kurze Strecke relativ uninteressant, da sie zum großen Teil durch dicht bebaute Gebiete führt oder zugewachsen ist. Lediglich zwischen Sulzbach (Taunus) und Bad Soden (Taunus) finden sich einige freie Abschnitte.

S-BAHNNETZ RHEIN-MAIN

Die ersten Planungen für ein Frankfurter S-Bahnnetz datieren aus dem Jahr 1960, doch konkrete Formen nahm das Vorhaben erst acht Jahre später an, als die Deutsche Bundesbahn, das Land Hessen und die Stadt Frankfurt entsprechende Finanzierungsverträge schlossen. Kernstück des Projekts „V-Bahn" („V" für Verbindungsbahn") war der Bau eines Bahntunnels vom Hauptbahnhof durch die Stadt bis zur Hauptwache. In Verbindung mit dem Ausbau ins Umland führender Strecken der Deutschen Bundesbahn sollte die innerstädtische Verbindung vor allem den starken Pendlerverkehr aus dem Umland beschleunigen. Mit der Lieferung dreiteiliger Elektrotriebwagen der Baureihe 420 begann 1975 der Vorlaufbetrieb auf der Strecke nach Niedernhausen (Taunus). Ab 1976 verkehrten sie nach Wiesbaden Hbf, 1977 auch nach Friedrichsdorf (Taunus). Eingesetzt wurden die Triebwagen zunächst als normale Nahverkehrzüge, um den späteren Schnellbahnbetrieb eingehend zu erproben und das Personal zu schulen. Am 28. Mai 1978 wurde die S-Bahn Rhein-Main mit den drei unterirdischen Stationen Frankfurt (Main) Hbf, Frankfurt-Taunusanlage und Frankfurt-Hauptwache und folgenden Linien offiziell in Betrieb genommen:

Folgende Linien werden im Jahr 2012 betrieben:

- S 1 Wiesbaden Hbf-Frankfurt-Höchst-Frankfurt (Main) Hbf-Offenbach Ost-Rödermark -Ober Roden
- S 2 Niedernhausen (Taunus)-Frankfurt-Höchst-Frankfurt (Main) Hbf-Offenbach Ost-Dietzenbach
- S 3/4 Bad Soden/Kronberg-Frankfurt West-Frankfurt (Main) Hbf-Frankfurt Süd-Langen-Darmstadt Hbf
- S 5 Friedrichsdorf (Taunus)-Bad Homburg-Frankfurt West-Frankfurt (Main) Hbf-Frankfurt Süd
- S 6 Friedberg (Hessen)-Bad Vilbel-Frankfurt West-Frankfurt (Main) Hbf-Frankfurt Süd
- S 7 Frankfurt (Main) Hbf (hoch)-Groß Gerau-Dornberg-Riedstadt Goddelau
- S 8/9 Hanau-Frankfurt (Main) Hbf- Frankfurt Flughafen/Mainz/Mainz-Kastel/Wiesbaden

Eine Regionalbahn auf dem Abzweig Rhein-Neckar-Brücke vor dem Frankfurter Hbf und der mächtigen Kulisse der Frankfurter Bankentempel

AUF EINEN BLICK

Kursbuchstrecke 645

Anbieter DB

Fahrzeuge 420, 423

Streckenlänge 303 km

S1 Frankfurt-Hauptwache–Frankfurt-Höchst–Wiesbaden
S2 Frankfurt-Hauptwache–Frankfurt-Höchst–Niedernhausen (Taunus)
S3 Frankfurt-Hauptwache–Frankfurt Westbahnhof–Bad Soden
S4 Frankfurt-Hauptwache–Frankfurt Westbahnhof–Kronberg (Taunus)
S5 Frankfurt-Hauptwache–Frankfurt Westbahnhof–Fiedrichsdorf (Taunus)
S6 Frankfurt-Hauptwache–Frankfurt Westbahnhof–Friedberg (Hess)

In den folgenden Jahren erfolgte ein weiterer Ausbau des Netzes, das nun in Nord-Süd-Richtung von Friedberg (Hess) bis nach Darmstadt reicht und in Ost-West-Richtung von Mainz und Wiesbaden bis nach Hanau.

(FRANKFURT [MAIN]–) FRANKFURT-HÖCHST–KÖNIGSTEIN (TAUNUS)

KÖNIGSTEINER BAHN

AUF EINEN BLICK

Kursbuchstrecke 646

Anbieter Hessische Landesbahn GmbH

Fahrzeuge VT 2E (LHB)

Streckenlänge 16 km

Highlights Königstein mit Burgruine, Bahnhof Köngstein

Lange Zeit war die „Königsteiner Bahn" akut stilllegungsgefährdet, bevor sich das Land Hessen Anfang der 1980er-Jahre zur Modernisierung und zur Einführung eines verdichteten Taktfahrplans entschloss. Seit dem 1. Januar 1983 führt die Hessische Landesbahn den Betrieb mit modernen Fahrzeugen auf einer nunmehr leistungsfähigen Vorortbahn im Einzugsbereich der Mainmetropole Frankfurt durch. Die an Werktagen halbstündlich verkehrenden Züge fahren von und bis Frankfurt (Main) Hbf.

Die ersten Kilometer der Nebenbahn führen durch weitgehend offenes Gelände ohne landschaftliche Höhepunkte. Erste schöne Motive bieten sich nördlich des Bahnhofs Kelkheim mit dem Kloster im Hintergrund. Hier beginnt ein landschaftlich schöner Abschnitt mit größeren Waldgebieten, während die Bahnlinie stark ansteigend einen Bergrücken erklimmt. Kurz vor Königstein bietet sich die Möglichkeit, Bahn und Burgruine gemeinsam aufs Bild zu bekommen, ebenso im Endbahnhof Königstein (Taunus), wo neben dem gepflegten Bahnhofsgebäude die Werkstatt und eine Wagenhalle zu sehen sind.

DREIEICH-BUCHSCHLAG–OBER RODEN–DIEBURG
DREIEICHBAHN

Genau genommen besteht die Nebenbahn aus zwei Teilen, nämlich aus den südlichen Abschnitt der heute teilweise zur S-Bahn ausgebauten „Rodgaubahn" Offenburg–Ober Roden–Dieburg und der eigentlichen „Dreieichbahn" von Buchschlag-Sprendlingen nach Ober Roden. Während die Züge der „Rodgaubahn" später zumeist in Oder Roden endeten, liefen und laufen die meisten der von und nach Buchschlag-Sprendlingen verkehrenden Züge bis Dieburg durch. Die Bedeutung der „Dreieichbahn" lag und liegt vorrangig im Pendlerverkehr nach Frankfurt (Main), während das Güteraufkommen stets an zweiter Stelle rangierte und inzwischen aufgegeben wurde. Nach jahrelangen Stilllegungsdiskussionen erfolgte in den 1990er-Jahren die Modernisierung der Bahn. Neue Bahnsteige und ein elektronisches Sicherungssystem wurden errichtet, doch das Umfeld der Bahnhöfe wurde in die Modernisierung bislang nicht mit einbezogen. Die Züge verkehren seit Jahren im Stundentakt mit Verdichtern, wobei die nach Frankfurt (Main) durchfahrenden Züge noch immer lokbespannt sind (BR 218).

Die von der Bahn durchfahrene Region bietet keine nennenswerten landschaftlichen Höhepunkte. Vielfach herrscht dichte Bebauung vor. Lediglich östlich von Offenthal sowie südlich von Ober Roden zeig sich das Umfeld eher ländlich.

AUF EINEN BLICK

Kursbuchstrecke 647

Anbieter DB

Fahrzeuge 218, 628, 646

Streckenlänge 24 km

FRANKFURT (MAIN)–DARMSTADT–MANNHEIM/HEIDELBERG
MAIN-NECKAR-BAHN

Die Main-Neckar-Bahn war schon immer eine wichtige Nord-Süd-Verbindung und steht in direkter Konkurrenz mit der parallel führenden Riedbahn auf der anderen Rheinseite. Den Fernreiseverkehr versehen ICE und mit der Baureihe 101 bespannte InterCity-Züge, während vor den zahlreichen Güterzügen das gesamte Spektrum der von DB Schenker Rail verwendeten Fahrzeuge zu sehen sind. Hinzu kommen Lokomotiven der SBB und privater EVU. Den Nahverkehr auf württembergischer Seite versehen Triebwagen der Baureihe 425, während ansonsten lokbespannte Regionalzüge mit der Baureihe 111 verkehren.

Ausgangspunkt der Main-Neckar-Bahn ist der verkehrsreiche Hauptbahnhof in Frankfurt (Main). Von dort führt die Strecke zunächst durch das dicht besiedelte südliche Rhein-Main-Gebiet nach Darmstadt. In diesem Bereich verläuft parallel zur Main-Neckar-Bahn die Frankfurter S-Bahn auf eigenen Gleisen. Interessante Fotomotive bietet der Darmstädter Hauptbahnhof mit seiner markanten Bahnhofshalle. Es folgt ein tie-

AUF EINEN BLICK

Kursbuchstrecke 650

Anbieter DB

Fahrzeuge 101, 111, 145, 151, 152, 185, 189, 294, 425, 401, 403, Lok priv. EVU und SBB

Streckenlänge 89 km

Highlights Darmstadt Hbf und Frankfurt (Main) Hbf mit Bahnhofshallen, Haltepunkt Darmstadt Süd

Bahnhofsuhr und DB AG-Logo am Empfangsgebäude Darmstadt Hbf

fer Einschnitt, an den sich der überaus sehenswerte Haltepunkt Darmstadt Süd mit seinem interessanten Empfangsgebäude anschließt.

Südlich von Darmstadt erfolgt der allmähliche Übergang in weniger dicht besiedelte Gebiete an der Westseite des Odenwaldes. Entlang der Bergstraße findet man so manches schöne Motiv, auch wenn die Strecke abschnittsweise stark zugewachsen ist. Die Bahnhöfe wurden in den vergangenen Jahren teilweise zurückgebaut, die weitgehend im gleichen Baustil errichteten Empfangsgebäude jedoch blieben bis auf wenige Ausnahmen erhalten. Sehenswert ist die Neckarbrücke bei Ladenburg.

(DARMSTADT–) DARMSTADT-EBERSTADT–PFUNGSTADT

PFUNGSTADTBAHN

AUF EINEN BLICK

Kursbuchstrecke 650.1

Anbieter VIAS GmbH

Fahrzeuge Itino D2

Streckenlänge 1,9 km

1955 verlor Pfungstadt seinen Anschluss im Schienenpersonenverkehr, 1997 fuhr auch der letzte Güterzug. Die Strecke zwischen Darmstadt-Eberstadt und Pfungstadt wurde aber niemals offiziell stillgelegt. Wachsende Pendlerströme führten um das Jahr 2000 erstmals zu konkreten Überlegungen, den Reisezugverkehr wieder aufzunehmen. Doch es zogen mehr als zehn Jahre ins Land, bevor der Verkehr im Dezember 2011 wieder anlief. Den Betrieb übernahm die VIAS GmbH mit Triebwagen vom Typ Itino D2, die bis Darmstadt Hbf durchlaufen. Güterverkehr findet nicht statt.

Auch wenn sie noch so kurz ist, bietet die 1,9 km lange Strecke einige schöne Fotopunkte in einer Landschaft aus Wiesen und Feldern sowie kleineren Waldgebieten.

WIESBADEN–MAINZ–DARMSTADT NORD–ASCHAFFENBURG

LUDWIGSBAHN

AUF EINEN BLICK

Kursbuchstrecke 651

Anbieter DB

Fahrzeuge 143, 151, 152, 185, 189, 294, Lok priv. EVU

Streckenlänge 87 km

Highlights Mainzer Südbrücke, Wiesbaden Hbf mit Bahnhofshalle, Eisenbahnmuseum Darmstadt-Kranichstein

Die Ludwigsbahn hat ihren Fernreisezugverkehr vor einigen Jahren verloren und wird heute vor allem im Regionalverkehr (BR 143 mit Wendezügen) genutzt. Auch Güterzüge befahren in großer Zahl die durchgehend zweigleisige, elektrifizierte Strecke. Der westliche Teil der Strecke hat landschaftlich gesehen zwar nur wenig zu bieten, ist aber dennoch einen Besuch wert. Auf jeden Fall sollte man im Rahmen einer Fototour der Mainzer Südbrücke einen Besuch abstatten. Interessanten Betrieb bieten auch die Hauptbahnhöfe Mainz und Wiesbaden (letzterer ein Kopfbahnhof mit historischer Bahnhofshalle) sowie die Eisenbahnknoten Mainz-Bischofsheim und Groß Gerau. In Darmstadt-Kranichstein lädt das dortige Eisenbahnmuseum zu einem Besuch ein. Weiter östlich führt die Strecke durch größere Waldgebiete mit Bahnhöfen, deren Hochbauten den typischen Baustil der der alten Hessischen Ludwigsbahn verkörpern. Interessantestes Bauwerk im östlichen Streckenbereich ist die Mainbrücke bei Stockstadt. Die vielen Güterzüge, die hier fast zu allen Zeiten unterwegs sind, machen einen Besuch interessant. Neben Lokomotiven der Deutschen Bahn sieht man hier immer wieder private EVU mit ihrem bunten Lokomotivpark.

(WORMS–)HOFHEIM (RIED)–BENSHEIM
NIBELUNGENBAHN

Die Nibelungenbahn verbindet Orte, die in direktem Zusammenhang mit der Nibelungensage stehen. Daher trägt sie den Namen. Die ausschließlich mit Triebwagen der Baureihe 628^2 gefahrenen Regionalbahnen beginnen auf einem Stumpfgleis im Hauptbahnhof Worms und befahren bis Hofheim (Ried) die Riedbahn in Richtung Frankfurt (Main). Dort wechseln sie auf die eingleisige Strecke über Bürstadt und Lorsch nach Bensheim. Landschaftlich gesehen bietet die Strecke nur wenige Höhepunkte. Von Hofheim (Ried) aus führt die Bahn zunächst durch Wiesen und Felder, erreicht Bürstadt und führt wenig später in ein großes Waldgebiet. Östlich von Lorsch erfolgt der erneute Übergang in eine landwirtschaftlich orientierte Region.

Bedient wird die Strecke im Stundentakt mit planmäßigen Zugkreuzungen in Bürstadt. Ein weiterer Kreuzungsbahnhof besteht in Lorsch. Beide waren 2012 noch mit Formsignalen ausgestattet. Güterzüge verkehren hier seit Jahren planmäßig nicht mehr.

AUF EINEN BLICK

Kursbuchstrecke 653
Anbieter DB
Fahrzeuge 628
Streckenlänge 23,9 km

WEINHEIM (BERGSTR)–MÖRLENBACH–FÜRTH (ODENW)
WESCHNITZTALBAHN

Eigentlich sollte die 16,4 km lange Nebenbahn Weinheim (Bergstr)–Fürth (Odenw) über Erbach bis nach Wertheim geführt werden, doch die schwierigen Geländeverhältnisse ließen das Projekt scheitern. Zustande kam bis 1901 lediglich eine in Mörlenbach abzweigende Stichbahn nach Wahlen, die jedoch schon vor Jahren stillgelegt wurde. Die verbliebene landschaftlich schöne Strecke entlang des Flüsschens Weschnitztal führt zunächst durch Weinheimer Stadtgebiet und erreicht kurz darauf das „Sechs-Mühlen-Tal“ mit drei dicht aufeinander folgenden kurzen Tunneln. Zwischen Straße und Felswand eingezwängt erreicht die Bahn wenig später den Kreuzungsbahnhof Birkenau, bevor sich das Teil weitet. In einer abwechslungsreichen Landschaft aus Wiesen und lockeren Baumbeständen wird über den zweiten Kreuzungsbahnhof Rimbach der Endpunkt Fürth (Odenw) erreicht.

Das Zugangebot ist recht dicht und wird zu den Hauptverkehrszeiten im Halbstundentakt abgewickelt, ansonsten verkehren die Triebwagen der Baureihe 628^2 stündlich. Güterverkehr besteht seit 1996 nicht mehr.

AUF EINEN BLICK

Kursbuchstrecke 654
Anbieter DB
Fahrzeuge 628
Streckenlänge 16,4 km
Highlights Sechs-Mühlen-Tal mit drei Tunneln

AUF EINEN BLICK

Anbieter Eisenbahnfreunde Wetterau e. V.

Fahrzeuge Diesellokomotiven

Streckenlänge 16 km

Internet www.draisine.de/EFW_Homepage_neu/index.htm

BAD NAUHEIM–MÜNZENBERG

WETTERTALBAHN

Den Streckenabschnitt Bad Nauheim Nord–Griedel–Münzenberg hat die Butzbach-Licher Eisenbahn (BLE) an die Eisenbahnfreunde Wetterau (EFW) verpachtet, die hier eine Museumseisenbahn betreiben. Seither ist der Verein für die Instandhaltung der Strecke verantwortlich. Regelmäßig befahren wird die 16,4 km lange Strecke in den Sommermonaten an jedem zweiten Sonntag mit historischen diesellokbespannten Zügen. Weitere Fahrten finden zu bestimmten Anlässen statt. Auch im Güterverkehr mit Rohholz ist der Verein auf der eigenen Strecke aktiv.

Die von der Bahn durchfahrene Wetterau ist eine fruchtbare Region, in der die Landwirtschaft eine wichtige Rolle spielt. Größere Waldgebiete findet man hier nicht. Die Strecke verläuft in weiten Teilen durch eine leicht hügelige Landschaft, wo sich Züge in der freien Landschaft fast überall gut fotografieren lassen. Allerdings behindert bisweilen dichter Bewuchs den freien Blick auf die Bahn.

AUF EINEN BLICK

Anbieter Hessencourrier e. V.

Fahrzeuge Dampf- und Diesellokomotiven

Streckenlänge 33 km

Internet: www.hessencourrier.de

Highlights 30-Promille-Steigung Elgershausen-Hoof, Bahnhof Naumburg

KASSEL-WILHELMSHÖHE–NAUMBURG (BZ KASSEL)

NAUMBURGER BAHN

Die Nebenbahn wurde bis September 1977 von Kassel-Naumburger Eisenbahn mit planmäßigen Personenzügen befahren. Ende Mai 1991 endete westlich von Baunatal-Altenbauna auch der Güterverkehr. Um eine Stilllegung zu vermeiden, pachtete der Verein „Hessencourrier" den westlichen Teil der sehr steigungsreichen und landschaftlich schönen Strecke.

Sonderzug nach Naumburg bei Breitenbach

Die im Volksmund als „Naumburger Bahn" bekannte 33,4 km lange Nebenstrecke führt ab Kassel-Wilhelmshöhe zunächst durch dicht besiedeltes Stadtgebiet und wird hier auf einem kurzen Teilstück sogar von den Zügen der Kasseler Straßenbahn mitbenutzt. Bis Kassel-Baunatal besteht reger Güterverkehr durch das dortige VW-Werk. Hinter Elgershausen steigt die Strecke in zahllosen Bögen mit rund 30 ‰ steil an und erreicht im Bahnhof Hoof ihren höchsten Punkt. Die restlichen Kilometer bis Naumburg (Bz Kassel) sind zwar weniger steil, dafür aber nach wie vor sehr bogenreich. Immerhin liegen insgesamt 16 Kilometer des Hauptgleises in Bögen, davon überwiegend mit einem Halbmesser von 200–300 m.

NASSAUISCHE TOURISTIKBAHN (AARTALBAHN)

Die Aartalbahn gehört mit bis zu 34 ‰ Steigung zu den steilsten Eisenbahnstrecken in Deutschland ohne Zahnradbetrieb. Sie gehört zugleich zu den landschaftlich schönsten Mittelgebirgsbahnen in Hessen. Auf dem 23 km langen Abschnitt von Wiesbaden-Dotzheim über Bad Schwalbach nach Hohenstein, den die Stadtwerke Wiesbaden AG 1986 auf Pachtbasis von der Deutschen Bundesbahn übernahm, betrieb die Nassauische Touristik-Bahn e.V jahrelang einen historischen Zugverkehr mit Dampf- und Diesellokomotiven. Im November 2009 musste der Betrieb überraschend eingestellt werden, nachdem ein Lastwagen gegen eine Eisenbahnbrücke in Wiesbaden-Dotzheim geprallt war und diese für den Eisenbahnverkehr gesperrt werden musste. Bis heute ist der geplante Wiederaufbau der Brücke nicht zustande gekommen, so dass derzeit kein Zugbetrieb stattfinden kann.

AUF EINEN BLICK

Anbieter Nassauische Touristik-Bahn e. V.

Fahrzeuge Dampf- und Diesellokomotiven

Streckenlänge 30 km

Internet: www.aartalbahn.de

Highlights Bahnhof Hohenstein mit Ruine, Tunnel bei Hohenstein und Adolfseck, Streckenbereich um den Bahnhof Eiserne Hand

WÄCHTERSBACH–BAD ORB
DAMPFKLEINBAHN BAD ORB

1995 wurde auf dieser Strecke der planmäßige Verkehr eingestellt. Spätere Versuche, den Betrieb wieder aufzunehmen, scheiterten. Schließlich wurde ein privater Betreiber gefunden, der die Bahn in einer Spurweite von 600 mm wieder aufleben lassen wollte. Im Jahr 2000 begann die schrittweise Reaktivierung und ab Oktober 2006 konnte die gesamte Strecke wieder befahren werden.

Betrieben wird die 600 mm-Strecke in der Sommersaison zwischen Ostern und Ende Oktober. Die Fahrt mit dem Museumszug beginnt im Bahnhof Wächtersbach und führt zunächst entlang der Hauptbahn Fulda–Frankfurt (Main). Nach gut einem Kilometer schwenkt der Zug nach Süden, fährt über eine stählerne Flutbrücke und anschließend auf einer sehenswerten Eisengitterbrücke über das Flüsschen Kinzig. Im weiteren Verlauf folgt die Strecke dem Orbtal und erreicht nach wenigen Kilometern den Endbahnhof mit dem stattlichen Empfangsgebäude und den sehenswerten Lokschuppen.

AUF EINEN BLICK

Anbieter Dampfkleinbahn Bad Orb Rolf Jirowetz & Siegfried Theimer GbR

Fahrzeuge Dampflok

Streckenlänge 6,5 km

Internet http://www.bad-orb.info/erkunden/Sehenswert/Dampfkleinbahn

Highligts Bahnhof Bad Orb, Kinzigbrücke

Die Ziffern hinter den jeweiligen Orts-/Bahnhofsnamen bezeichnen die Nummern der betreffenden Kursbuchstrecken

Die Ziffern hinter den jeweiligen Orts-/Bahnhofsnamen bezeichnen die Nummern der betreffenden Kursbuchstrecken

Impressum

Produktmanagement: Michael Dörflinger
Korrektorat: Andreas Greiser, Augsburg
Satz: BUCHFLINK Rüdiger Wagner, Nördlingen
Repro: Cromika, Verona
Herstellung: Anna Katavic
Umschlaggestaltung: Jarzina Kommunikationsdesign, Holzkirchen
unter Verwendung von Bildern von Bartlomiej Banaszak/Deutsche Bahn AG (Mitte), Christian Wenger (links oben), Lothar Mantel/ Deutsche Bahn AG (rechts oben) und den Autoren (Rückseite)
Printed in Italy by Printer Trento

Unser herzlicher Dank gilt allen Eisenbahnfreunden, die uns bei der Erstellung des Buches mit wertvollen Informationen und Bildern unterstützt haben.

Josef und Stefan Högemann
im Januar 2013

Für Hinweise und Anregungen sind wir jederzeit dankbar.
Bitte richten Sie diese an:
GeraMond Verlag
Lektorat Postfach 40 02 09
D-80702 München
E-Mail: lektorat@verlagshaus.de

Alle Bilder stammen von den beiden Autoren, außer:

Deutsche Bahn AG/Roland Horn	5
Deutsche Bahn AG/Bartlomiej Banaszak	70/71
Dieter Lindenblatt	76
Deutsche Bahn AG/Lothar Mantel	78
Bernd-Oliver Sydow	80
Deutsche Bahn AG/Wolfgang Klee	83, 130, 132
Uwe Miethe	86
Deutsche Bahn AG/Max Lautenschläger	89
Jörn Schramm	93

Die Deutsche Nationalbibliothek verzeichnet diese Publikation in der Deutschen Nationalbibliografie; detaillierte bibliografische Daten sind im Internet über http: / / dnb.d-nb.de abrufbar.

ISBN 978-3-86245-151-7